Queer und (Anti-)Kapitalismus

W0092371

Heinz-Jürgen Voß, Salih Alexander Wolter

Queer und (Anti-)Kapitalismus

Schmetterling Verlag

Bibliografische Informationen der Deutschen Nationalbibliothek
Die Deutsche Nationalbibliothek verzeichnet diese Publikation in der
Deutschen Nationalbibliografie; detaillierte bibliografische Daten sind
im Internet über http://dnb.d-nb.de abrufbar.

Schmetterling Verlag GmbH
Libanonstr. 72A
70184 Stuttgart
www.schmetterling-verlag.de
Der Schmetterling Verlag ist Mitglied von aLiVe,
der assoziation Linker Verlage

ISBN 3-89657-165-6
3., durchgesehene Auflage 2019
Printed in Poland
Alle Rechte vorbehalten
Satz und Reproduktionen: Schmetterling Verlag
Druck: sowa, Piaseczno

Inhalt

1 Komplizenschaft verweigern
Ein Einstieg in die Theorie aus aktivistischer Perspektive

Von Salih Alexander Wolter

«*Insbesondere die Kritik, der Aktivismus und die
Theoriebildung von Schwarzen und People of Color wird [...]
seit Jahrzehnten systematisch überhört, wo sie sich nicht für
Fördergelder und weiße Karrieren vereinnahmen lässt.
Hegemonie-Kritik darf, wenn sie
tatsächlich gesellschaftlich und nicht partikularistisch sein will,
deswegen weder selbst- noch geschichtsvergessen sein.*»
Koray Yılmaz-Günay (2014 [2011b])

Wieso vom Kapitalismus sprechen?
Und wie?

Als *queer* etwa Mitte der 1990er Jahre im deutschen Sprachraum ankam, begann sich hier auch die Rede von den neoliberalen Verhältnissen zu verbreiten, die mit der ‹Globalisierung›[1] drohen würden. Gemeint war damit meist die Durchökonomisierung aller Lebensbereiche, die inzwischen tatsächlich weit vorangeschritten ist. So weit, dass seit einigen Jahren angesichts der «sich vertiefenden Spaltung der Gesellschaft, zunehmender ökonomischer Ungleichheit und der Entstehung eines neuen Prekariats [...] das Begehren nach Kapitalismuskritik innerhalb der Queer Studies intensiver» wird (AG Queer Studies 2009: 24f). Allerdings drückt es sich selten unter diesem Titel oder gar unter dem des ‹Antikapitalismus› aus. Gern werden queere Reflexionen zum Thema stattdessen als ‹ökonomiekritisch› angekündigt. Wir haben aus zwei Gründen anders entschieden:

Zum einen ist dieser Begriff in der aktuellen Auseinandersetzung um das ‹richtige› Verständnis von Karl Marx eng mit Michael Heinrichs kritischer *Kapital*-Lektüre verbunden, der auch wir viele neue Einsichten verdanken. Im Zentrum seines Ansatzes steht jedoch die ‹monetäre Werttheorie›, die Marx vertreten habe (vgl. Heinrich 2004: 62), während er überlieferter Auffassung zufolge vor allem gezeigt hat, dass «der Wert der Ware [...] menschliche Arbeit schlechthin» darstelle (Schleifstein 1972: 102). Die postkolonialen Kapitalismus-Kritiker_innen, auf die wir uns in diesem Buch besonders beziehen, knüpfen an die herkömmliche Interpretation an. Sie legen dabei die internationale Arbeitsteilung zugrunde und sehen in Rassismus und Sexismus keine geringeren Widersprüche als im Kapitalverhältnis, also dem Klassengegensatz der «Kapitalisten auf der einen Seite, Lohnarbeiter auf der andren» (MEW 23 [1867]: 641). Kurz: Was wir z. B. von der Feministin Gayatri Chakravorty Spivak zu lernen haben, bedeutet – auch wenn sie sich lieber als «altmodische Marxistin» statt als Dekonstruktivistin bezeichnet (nach Castro Varela/Dhawan 2005: 64, 57) – gewiss ein emanzipatorisches Update des vielgeschmähten ‹Traditionsmarxismus›. Aber wir wollen es vermeiden, Differenzen in einer wichtigen

---

1 Nur doppelte Anführungszeichen geben in diesem Buch konkret zuzuordnende Zitate wieder.

theoretischen Frage zuzudecken, nur um beim angesagten Label ‹Ökonomiekritik› unterzuschlüpfen.

Der zweite Grund, warum wir es vorziehen, den Kapitalismus beim Namen zu nennen, ist eben die Beliebigkeit, mit der dieses Label sogar für Vorstellungen in Anspruch genommen wird, die Heinrichs Anliegen direkt zuwiderlaufen. Will er zeigen, dass «der Kapitalismus auf einem *systemischen* Herrschaftsverhältnis» beruht (Heinrich 2004: 15; Hervorhebung im Orig.), tun einige Autor_innen aus dem weißen queerfeministischen Spektrum diesen als ‹regulatorische Fiktion› ab und schwärmen von ‹Freiräumen›, in denen angeblich schon hier und jetzt liebe Menschen – unausgesprochen heißt das: *solche wie wir* – Güter und Dienstleistungen tauschen könnten, ohne dass irgendwer ausgebeutet wird (vgl. als Beispiel für derartige Beiträge Ganz/Gerbig 2010). Angepriesen als «ganz stark offen» (Mädchenblog 2010), tendiert diese Sorte ‹Ökonomiekritik› nach unserer Ansicht im Gegenteil dazu, ‹selbst- und geschichtsvergessen› den eigenen Horizont absolut zu setzen. So kann nur noch in den Blick kommen, wie ‹wir› uns am besten mit einer neoliberalen Logik arrangieren, die wiederum bloß als ‹Übertreibung› einer nicht grundsätzlich in Frage gestellten Wirtschaftsweise erscheint. Die ‹Dekonstruktion› wird hier für genau jenen «Präsentismus» in den Dienst genommen, den ihr Begründer Jacques Derrida, indem er sich auf Karl Marx berief, «im Namen einer anderen Zukunft und einer Konzeption von Gerechtigkeit jenseits der Gegenwart» einer fundamentalen Kritik unterzog (Postone 1998).

Doch auch als ‹alternative› weiße Queers bleiben wir – *und zwar selbst dann, wenn wir prekarisiert sein sollten* – Privilegierte einer neokolonialen Ordnung und in gewordene Herrschaftsverhältnisse eingebunden, die uns, ob gewollt oder nicht, zu Kompliz_innen beim fortgesetzten «Welt-Machen» des globalen Kapitalismus werden lassen können, um Spivaks treffenden Ausdruck zu benutzen (nach Castro Varela/Dhawan 2005: 65). Fallen denn etwa die Computer vom Himmel, die wir benötigen, um die tollen neuen Möglichkeiten der ‹Informationsgesellschaft› zu nutzen – nur mit den besten nicht-kapitalistischen Absichten natürlich: Unser solidarisches Hackerspace soll ja kein Start-up werden? Oder müssen da vielleicht Menschen Erze schürfen? Welche Menschen? Wo? Zu welchen Konditionen? Wer baut die Dinger zusammen? Wie entsteht das Wissen, das wir dann mit Hilfe dieser Geräte weiterverbreiten? Mit wem und wie teilen wir es? Und schließlich: Welche Bilder von Geschlecht und Sexualität transportiert es? Solche Fragen haben uns davon überzeugt, dass wirkliche Emanzipation eine *gesellschaftliche* Perspektive braucht, die zwangsläufig auch eine transnationale und transkontinentale sein muss.

Das Ganze, um das es gehen soll, nennen wir also ‹Kapitalismus›. Die Ansicht, dieser sei «nichts weiter als ein ‹Wirtschaftssystem›», weist u. a. der Historiker Fernand Braudel zurück, der sie am Ende seines Werks über Europas ‹Aufstieg zur Weltwirtschaft› wegen der unauflösbaren Verflechtung von Ökonomie, Staat, Militär und Kultur sogar für eine «völlig abwegige Behauptung» hält (Braudel 1986b [1979]: 698). Gemeinhin werden diese Bereiche isoliert voneinander betrachtet – hier soll dagegen zunächst in einem kurzen, zugegebenermaßen etwas gedrängten, Überblick ihr geschichtlich gewachsener Zusammenhang umrissen werden. Damit dieser nicht vor lauter fachwissenschaftlichen Einzelanalysen aus dem Blick gerät, hat der Politikwissenschaftler Georg Fülberth die Einführung einer neuen akademischen Querschnittsdisziplin vorgeschlagen, die nicht von ungefähr ‹Kapitalistik› heißen sollte (vgl. Fülberth 2008: 7ff). Denn die gegenwärtige Gesellschaft *insgesamt* entspricht seiner Kapitalismusdefinition: Ihre Funktionsweise beruht «auf der Erzielung von Gewinn und der Vermehrung (Akkumulation) der hierfür eingesetzten Mittel (= Kapital)», ist von «ungleichem Tausch» geprägt und bedeutet «marktvermittelte Herrschaft» (ebd.: 12, 47).

Sicher, Formen kapitalistischen Wirtschaftens hatten sich woanders lange vor dem neuzeitlichen Europa entwickelt – vom China der Song-Dynastie (10.-13. Jahrhundert u. Z.) bis zum Machtbereich des vorkolonialen Islam in der Epoche ‹unseres› Mittelalters (vgl. Amin 2012 [2010]: 103). Und genauso wie «das Abendland» durch muslimische Philosophen «in den profanen Gebrauch der Vernunft [...], mit einem Wort in die Wissenschaft» eingeweiht wurde und lateinische Denker von «den Arabern» lernten, «daß es auf Erden Platz für ein *glückseliges Leben* geben könnte» (Libera 2003 [1991]: 87, 108; Hervorhebung im Orig.), sind «diejenigen Elemente des westlichen Kapitalismus, die möglicherweise übernommen worden sein könnten, ohne jeden Zweifel vom Islam übernommen worden»

(Braudel 1986a [1979]: 619). Aber diese früheren Gesellschaften sahen noch nicht – um die europäische Innovation mit Marx auf den Punkt zu bringen – «die Plusmacherei als letzten und einzigen Zweck der Menschheit» (MEW 23 [1867]: 782). Erst im Kapitalismus ‹wie wir ihn kennen› erhält dem Soziologen Immanuel Wallerstein zufolge «die Akkumulation von Kapital mit Regelmäßigkeit den Vorrang vor anderen Zielsetzungen», wobei seine Entwicklung «den Drang beinhaltet, alle Dinge in Waren zu verwandeln» (Wallerstein 1984 [1983]: 10, 11).

Erkennbar wird der heute weltumspannende Kapitalismus bereits in der Epoche der sogenannten Reconquista im 15. Jahrhundert, und er war von Beginn an global ausgerichtet. Henri Pirenne beschreibt in seiner *Geschichte Europas von der Völkerwanderung bis zur Reformation*, wie damals Al-Andalus, die beinahe 700 Jahre alte muslimisch-jüdisch-katholische Zivilisation auf der Iberischen Halbinsel, durch Vorkämpfer des ‹Abendlandes› zerstört wurde, bei denen sich «Hingabe an die Religion mit realer Gewinnsucht zum Motiv für den heiligen Krieg» vereinigte. Dessen «Ziel war nicht die Bekehrung, sondern die Ausrottung oder Vertreibung der Mohammedaner», selbst wenn sie sich taufen ließen (Pirenne 1961 [1936]: 465), und ebenso wurden die Jüd_innen beraubt und des Landes verwiesen, die Konvertit_innen unter ihnen durch die Inquisition verfolgt (vgl. die historischen Dokumente in Bernstein 1973: 43–48). Denn der künftige spanische ‹Nationalstaat› sollte nicht nur religiös, sondern auch ‹ethnisch› homogen, nämlich weiß sein: Bedeutende Forscher_innen sehen hier die Anfänge des modernen Rassismus und des Antisemitismus (vgl. für einen Überblick Çetin 2012: 28f). Gleichzeitig begann 1492 das europäische Unternehmen der kolonialistischen Eroberung Amerikas, die sich bald der Sklavenarbeit von schließlich millionenfach aus Afrika verschleppten Menschen zu bedienen begann.

In den nächsten Jahrhunderten folgte die «sukzessive Einverleibung zuvor ‹außerhalb› liegender Regionen» – wobei der «Gegensatz zwischen den herrschenden Zentren und den beherrschten Peripherien [...] stets produziert, reproduziert und weiter verschärft» wurde (Amin 2012 [2010]: 9). Wie der Wirtschaftswissenschaftler Samir Amin unterstreicht, ist der Kapitalismus trotz dieser «permanenten Asymmetrie [...] dennoch ein Ganzes und unteilbar», er «herrscht nicht nur in den USA und Deutschland, während etwa Indien und Äthiopien bloß ‹halb› kapitalistisch wären. Der Kapitalismus ist die USA und Indien, Deutschland und Äthiopien zusammengenommen» (ebd.: 76). Das sieht auch Wallerstein so, für den darüber hinaus von Kapitalismus nicht erst die Rede sein kann, wenn und wo das Kapitalverhältnis allgemein geworden ist. Er lehnt es ab, innerhalb «eines historischen Systems», das «seinen Ursprung im Europa des späten 15. Jahrhunderts hat» und «auch heute noch die gesamte Welt bedeckt» (Wallerstein 1984 [1983]: 14), z. B. England oder die Karibischen Inseln als ‹analytische Einheiten› mit jeweils eigenen ‹Produktionsweisen› zu betrachten. Vielmehr handle es sich bei Klassen, ethnischen oder Status-Gruppen um *Phänomene der Weltwirtschaft,* die nicht richtig analysiert werden könnten, solange man sie innerhalb von Nationalstaaten untersucht (Wallerstein 1979: 10, 24).

Der Philosoph Étienne Balibar vertieft den Zusammenhang, in dem Europa den ‹Rest der Welt› eroberte und sich seine ‹Nationen› erfand. Während tatsächlich keine von ihnen über eine ‹ethnische Basis› verfügt oder einer ‹Kulturgemeinschaft› entsprochen hat (vgl. Balibar/Wallerstein 1992 [1988]: 63), wollten sie im kolonialistischen Wettbewerb jeweils «ideell die ‹weißeste›» sein und begründeten gerade damit «die moderne Vorstellung von einer europäischen oder westlichen, supranationalen Identität» (ebd.: 56). Dabei konnte der Rassismus – der, um es klar zu sagen, nichts anderes als weiße Vorherrschaft bedeutet – zwar «auf sehr alte Bilder vom ‹Unterschied›» zurückgreifen, doch wurde dieser erst im Zug der kapitalistischen Expansion in einer bis heute wirksamen Weise *funktional.* In einer «doppelten Bewegung» von Exklusion und Inklusion bzw. «Assimilierung» wurde und wird er «in dem Raum produziert und reproduziert, der durch die Eroberung und Kolonisierung konstituiert wurde und ganz konkrete Strukturen der Verwaltung, der Zwangsarbeit, der sexuellen Unterdrückung aufweist». Am «Erbe des Kolonialismus», das Balibar «in Wirklichkeit eine variable Kombination von fortgesetzter äußerer Ausschließung und ‹innerer Ausgrenzung›» nennt (ebd.: 55), partizipiert auch Deutschland. Durch die ‹gemeinsame europäische Grenzsicherung› setzt es den ‹Unterschied›, mit vielfach tödlicher Konsequenz für Menschen auf der Flucht, nach außen durch, während er im Innern durch das Ausländer- und Staatsbürgerschaftsrecht ebenso fortgeschrieben wird wie durch die polizeiliche Praxis des ‹Racial Profiling› oder die strukturell schlechteren Bildungschancen der Kinder von Einwander_innen, die nicht als weiß und christlich sozialisiert durchgehen – um von der schier unaufhörlichen ‹Integrations›-Debatte zu schweigen, mit der eine noch immer weiß-deutsch dominierte ‹Zivilgesellschaft› das Ihre dazu beiträgt, Fremdheit ständig zu reproduzieren.

Es ist höchste Zeit, die «Bundesrepublik als (post)koloniales Gebilde» zu begreifen, wie es Schwarze Feministinnen schon in den 1980er Jahren vorschlugen (Gutiérrez Rodríguez 2001: 50 unter Bezug auf Oguntoye/Opitz/Schultz 1997 [1986]). Wir müssen uns endlich den Verbrechen der deutschen Kolonialgeschichte stellen und zugleich in Bezug auf die Arbeitsmigration ins Land den historischen Rahmen deutlich erweitern. Sie begann nicht erst in der zweiten Hälfte des letzten Jahrhunderts, sondern in der sogenannten ‹Gründerzeit› des vorletzten und wurde bereits damals durch eine ‹Zuwanderungspolitik› reglementiert, der es nach kolonialem Muster um die maximale Verwertung von ‹ausländischer› Arbeitskraft im Dienst ‹unserer› Privatwirtschaft ging (vgl. Ha 2012 [2003]). Und es gilt zu erkennen, dass im voll entwickelten Kapitalismus der Rassismus nach wie vor eine *notwendige* Funktion erfüllt – denn er wird, wie Immanuel Wallerstein sagt, zur «‹Ethnisierung› der Arbeiterschaft» gebraucht (Balibar/Wallerstein 1992 [1988]: 45). Mit den Worten von Koray Yılmaz-Günay, der zu den Initiator_innen queer-migrantischer Selbstorganisation in Deutschland gehörte: «Das falsche Ganze lässt sich ohne seine Analyse gar nicht verstehen.» (Bernhardt 2013 [Ergänzung])

Gleichfalls brachte der Kapitalismus nach Wallerstein den Sexismus «notwendigerweise» hervor – womit wiederum nicht bestritten werden soll, dass Frauen, zumal in Europa, schon früher unterdrückt wurden. Indes funktioniert die Aufteilung von Menschen nach ‹Geschlechtern› – wie ihre Hierarchisierung gemäß ‹ethnischen› oder ‹kulturellen› Merkmalen – als Rechtfertigung von andauernder Ungleichheit «innerhalb des Arbeitssystems» (Balibar/Wallerstein 1992 [1988]: 46). Mit dem Sexismus, der sich von Beginn an mit dem Rassismus verband (Çetin 2012: 29f), geht «die Abwertung bestimmter Altersstufen Hand in Hand». So lässt sich die allgemeine Lohnarbeit als etwas darstellen, was von der dafür aufzuwendenden häuslichen Reproduktionsarbeit zu trennen sei. Weltweit überwiegend von Frauen, Kindern und alten Menschen geleistet, wird diese «als Nicht-Arbeit ausgegeben». Indem sie «weder im Nenner noch im Zähler der Rechnung enthalten» ist, «kann man so tun, als würde [sie] keinen Mehrwert produzieren» (Balibar/Wallerstein 1992 [1988]: 46f).

Warum ‹man› so tun kann, hat Judith Butler in ihrem entscheidenden Beitrag zur Queer Theory gezeigt: «Das geschlechtliche Lesen, Interpretieren und Werten geschieht [...] nach Modi, über die es innerhalb der Gesellschaft einen breiten Konsens gibt, die aber der ständigen Aktualisierung bedürfen. Sie erfolgt durch das stete Zitieren – Aufgreifen und Wiederholen – dieser gesellschaftlichen Modi.» (Voß 2011: 14) Wird nicht in ganz ähnlicher Weise «das spezifische Ungleichheitsverhältnis Rassismus, welches in die Institutionen des Arbeitsmarktes, der Staatsbürgerschaft und der kulturellen Hegemonie eingelassen ist, in einem rassistischen Wissen gelebt und verstanden», wie der Rassismus-Forscher Mark Terkessidis schreibt? (Zitiert nach Çetin 2012: 36) Es handelt sich in beiden Fällen um die von Karl Marx so genannte «Religion des Alltagslebens» (MEW 25 [1894]: 838), das heißt um eine «Naturalisierung und Verdinglichung der gesellschaftlichen Verhältnisse», die «das Resultat eines Bildes ist, das sich bei den Mitgliedern der bürgerlichen Gesellschaft aufgrund ihrer Alltagspraxis ganz von selbst entwickelt» (Heinrich 2004: 32). Marx zog Schlussfolgerungen daraus vor allem für die Kategorien der ‹politischen Ökonomie›, so wie Butler ‹nur› die ‹heterosexuelle Matrix› dekonstruiert hat. Doch wie der Rassismus lassen sich auch die Geschlechter- und Generationenverhältnisse ebenso wenig getrennt von der kapitalistischen Produktionsweise begreifen, wie umgekehrt diese ohne Berücksichtigung von Sexismus und Rassismus wirklich durchschaut werden könnte.

Das Ganze – der Kapitalismus – scheint dem kritischen Blick durch eine dichte «Verwobenheit der Ungleichheiten» entzogen (Çetin 2012: 85). Yılmaz-Günay formuliert die theoretische und politische Aufgabe, die sich daraus für ein emanzipatorisches gesellschaftliches Engagement ergibt: «Es ist verheerend, dass eine bleibende Kritik meist nur von den ‹Betroffenen› formuliert wird. Eine der Ausweglosigkeiten, die mich am meisten beschäftigen, ist die Abkoppelung von marxistischer Analyse, Feminismus und Rassismuskritik. Wenn eine Reinigungskraft mit Kopftuch noch nie Anstoß erregt hat, dafür aber buchstäblich jede Kopftuchträgerin, die Lehrerin werden wollte, dann müssen wir in der Analyse Sexismus, Rassismus und Klassenverhältnisse zusammendenken.» (Bernhardt 2013)

Bereits vor gut zwei Jahrzehnten diskutierten in der Bundesrepublik radikale Linke – unter ihnen inhaftierte Stadtguerillas – über ihr Versäumnis, sich mit der Komplexität einer Gesellschaft auseinanderzusetzen, in der es verschiedene «historische und strukturell verankerte Gewaltverhältnisse [gibt], die gleichzeitig und in wechselseitiger Durchdringung und gegenseitiger Stabilisierung vorhanden sind. Eine Theorie, die all diese Kämpfe sowohl erfaßt (bzw. erst einmal in die Lage versetzt, sie zu erkennen) als auch die objektiven Bedingungen feststellt, die diesen Kämpfen Ursachen und Grenzen geben, hat die (autonome) Linke nicht.» (Viehmann u. a. 1991 [1990])

In einem 1990 unter dem Titel *Drei zu eins. Klassenwiderspruch, Rassismus und Sexismus* veröffentlichten Text problematisierten die Diskutant_innen vor allem eine bis dahin unhinterfragte Grundlage ihrer Überzeugungen: nämlich die «Privilegien ihres Weißseins, ihres Deutschseins». Sie beklagten, dass die «Millionen ImmigrantInnen und Flüchtlingsfrauen und -männer in der BRD [...] nie entsprechend in der 68er-Bewegung oder der autonomen Linken vertreten» waren, jedoch suchten sie die Schuld dafür bei sich. Sie hätten nicht anerkannt, «daß ‹andere› (je nach Geschlecht, ‹Rasse› und Klassenzugehörigkeit) ebenso über Erfahrungen an Unterdrückung und Widerstand verfügen, Erfahrungen aber, die ‹uns› subjektiv gar nicht zugänglich sind und es objektiv auch nur eingeschränkt werden können». Doch «Freundschaft basiert auf Respekt. Und genau den haben viele für ‹die Türkis› z. B. nicht, und die spüren das sehr genau.» (Ebd.)

Während sich die «weiße Linke in ihrer Gesamtheit [...] im Besitz einer ziemlich umfassenden, oft starren Wahrheit» geglaubt habe, bemerkten die Autor_innen nun, dass deren «‹rassische› Neutralität» die Migrant_innen «unsichtbar gemacht» hatte. Sie benannten eigene «Wahrnehmungsverzerrungen durch rassistische weiße Flecken und eurozentristischen Sichtwinkel: bei Rationalisierungen fliegen nicht (‹rassen›neutrale) ArbeiterInnen auf die Straße, sondern zuerst die Nicht-Deutschen; im Trikont (der eigentlich auch viel besser differenziert werden müßte als es hier getan wird)[2] verhungert nicht eine (‹rassen›neutrale) Unterklasse, sondern Schwarze Arme; es gibt die Feminisierung der Armut, aber das ist zuerst eine ‹Türkisie-

---

2 Gemeint sind die ehemals oder immer noch kolonisierten Teile von Afrika, Lateinamerika und Asien bzw. allgemein der globale Süden. (Anmerkung S. W.)

rung der Armut›; staatlicher Gewalt sind nicht («‹rassen›neutral)
Alle-die-Widerstand-Leisten ausgesetzt, sondern AusländerInnen in erster Linie, die kriegen mehr Ärger und mehr Knast.
Die Liste der Beispiele ließe sich verlängern.» Dabei wollte *Drei
zu eins* nicht einfach eine «vom Kapital installierte rassistische
(und sexistische) Spaltung des Arbeitsmarktes» in den Blick
nehmen, sondern thematisieren, «daß Rassismen in der Ar-
beiterInnenklasse selbst real existieren». Ausdrücklich wurden
«eurozentristische Analysemuster» verworfen, nach denen sie
«nur als Folge von kapitalistischen Einflüsterungen oder als
Neo-Nazi-Ideologie» in Betracht kamen. Es gehe vielmehr auch
um «die Aufdeckung des Zusammenhangs von Sexualität und
Herrschaft; die Kritik aller Dichotomien (Zwei-Spaltungen) wie
Körper/Geist, Natur/Mensch (Mann); die Kritik des Arbeitsbe-
griffs». (Ebd.)

Das Papier weist in der Rückschau erkennbare Schwächen
auf – die vielleicht größte ist, dass noch in der radikalen Selbst-
kritik eine Eigensicht vom ‹Zentrum›, auf dessen Verständnis es
letztlich ankomme, mitschwingt und gerade «die eingeforderte
‹Uneigennützigkeit›» im Umgang mit Migrant_innen arg pater-
nalistisch wirkt. Jedoch entwickelten hier weiße deutsche Anti-
kapitalist_innen, denen es ausdrücklich nicht um eine schlichte
«Addition der Unterdrückungen» ging, einen ‹intersektionalen Ansatz›, wie er in der institutionalisierten – ebenfalls von
Weißen bestimmten – Gesellschaftswissenschaft der Bundesrepublik erst in der folgenden Dekade zum ‹neuen Paradigma›
ausgerufen wurde. Gegenüber manchen dieser akademischen
Ausführungen nahmen die Autonomen sogar schon queere
Kritiken an der allzu schematischen Konstruktion von Identitäten aus vorgefertigten Strukturelementen vorweg. Sie entwar-
fen stattdessen das Bild «einer netzförmigen Herrschaft, in der
jeweils bei jedem Faden und Knoten Oben und Unten erhalten bleibt, aber keine alleinige Ursache, kein Hauptwiderspruch
mehr vorausgesetzt wird». (Ebd.)

Und dennoch kam *Drei zu eins* zu spät. Die Publikation fiel in
die Zeit des Umbruchs, aus dem der «Feind in Gestalt des west-
deutschen Systems […] an der Spitze der neuen Supermacht
Europa zu größter Kenntlichkeit» gewandelt hervorgehen sollte. Die Autor_innen hatten vieles richtig vorausgesehen: «Die
kapitalistische Ausbeutung im Land (in der gerade-noch-DDR
besonders) und die imperialistische Durchdringung nehmen

sehr stark zu. Obwohl kaum vorstellbar, wird sich die des Tri-konts noch verschärfen. Die Rassismen verändern sich, werden insgesamt stärker. Gegen TürkInnen, gegen Roma und Sinti, gegen PolInnen und VietnamesInnen und MozambiquanerIn-nen. Auch weiße Frauen sollen Positionen wieder verlieren und in die Unsichtbarkeit der Malocherin/Hausfrau zurückgedrängt werden.» Doch dass der Übergang in diese ‹neue Weltord-nung›, statt auf nennenswerten Widerstand zu stoßen, durch eine Welle deutschnationalistischer Begeisterung getragen und von Pogromen begleitet werden, ja, dass die Forderungen des rassistischen Mobs durch überwältigende parlamentarische Mehrheiten zum Gesetz erhoben werden könnten, wie 1993 im Fall der faktischen Abschaffung des Asylrechts – das hatte sich in der radikalen weißen Linken bis dahin niemand ausma-len wollen. Angesichts der bedrückenden Einigkeit von ‹Volk und Staat› in jenen Jahren erwies sie sich als völlig marginalisiert und zur nötigen Umorientierung nicht mehr fähig.

Zugleich begann sich aber damals in der Bundesrepublik eine autonome feministische migrantische Linke zu vernetzen, der diese theoretischen Bemühungen nichts Neues zu bieten hat-ten. Denn in ständiger, beharrlicher Auseinandersetzung mit der mehrheitsdeutschen Frauenbewegung hatten hierzulande Schwarze und jüdische Aktivist_innen und Women of Color (s. Kasten zu den Selbstbezeichnungen), teilweise in engem Aus-tausch mit Schwarzen Feministinnen aus den USA, bereits seit den 1980er Jahren Arbeiten zur Postkolonialität und Intersek-tionalität vorgelegt, die das meiste, was heute von etablierten weißen Akademiker_innen unter diesen Rubriken publiziert wird, sowohl an politischer Klarheit als auch an intellektueller Differenziertheit weit übertreffen – Heinz-Jürgen Voß wird im zweiten Teil des vorliegenden Buches vielfach auf diese grund-legenden Beiträge zurückgreifen. Indes wurden sie – und wer-den sie noch immer – weithin von deutschen Linken ignoriert, über die es im feministisch-migrantischen Manifest *Wir, die Seil-tänzerinnen* von 1994 hieß: «Sie mischen sich in unsere Befrei-ungskonzepte ein, spielen sich als wohlwollende Gönner auf und reproduzieren und zementieren dabei ihre Privilegien» (Fe-Migra 1994).

Dieser Text verwies auf zahlreiche – links, anders als bei der Staatsmacht, weitgehend unbemerkt gebliebene – Arbeits-,

Häuser- und antirassistische Widerstandskämpfe von Migrant_innen in Deutschland seit den frühen 1970er Jahren. Die Autorinnen bezogen sich mit Gayatri Chakravorty Spivak auf einen «Feminismus, der sich geopolitisch situiert am Ort der Arbeit», und wollten «verdeutlichen, daß Rassismus und die internationale arbeitsteilige Gesellschaft die Beziehungen unter Frauen strukturieren». Im Zentrum ihrer Kritik stand der «Nationalstaatsgedanke in den westlichen Gesellschaften, insbesondere der deutschen». Dabei wurde auch die dem grassierenden Rassismus nur scheinbar entgegenstehende «Tendenz, eben diese produzierten Unterschiede als kulturelle wohlwollend anzuerkennen, um sie sogleich wieder zu verwerten, ohne daß dies die Ordnung durcheinanderbrächte», als verkleidete «Objektivierung und Unterdrückung von MigrantInnen» entlarvt. Die Antwort der ‹Seiltänzerinnen› auf die gerade aufkommenden ‹Multikulti›-Konzepte lautete: «Es geht nicht nur darum, Migrantinnen einen Raum für das Ansprechen ihrer Betroffenheit zuzuerkennen, sondern auch darum, die Privilegien deutscher Frauen zu hinterfragen. Diese stellen sich über ihre Einschließung in eine national-rassische Gemeinschaft her, die ihnen erst den Zugang zu Machtressourcen und zur Öffentlichkeit gewährt.» (Ebd.)

Das gilt mindestens genauso für weiße deutsche Schwule. Teils im Nachgang einer Entwicklung, die sich in den USA schon um 1973 abzuzeichnen begann und im nächsten Abschnitt detaillierter dargestellt wird, orientierte sich die hiesige Homo-Bewegung in den 1990er Jahren auf bürgerliche Respektabilität. Schwule und Lesben könnten hier wie dort – so das Kalkül – «Anerkennung und gleiche Rechte innerhalb des bestehenden Gesellschaftssystems verlangen, insofern sie wie eine ethnische Minderheit als klar definierte und identifizierbare Bevölkerungsgruppe und nicht als radikales Potential in allen Menschen aufgefaßt werden» (Jagose 2001 [1996]: 82). In den USA hatten die weißen ‹Gays› ihre nicht-weißen Protagonist_innen zum Teil gewaltvoll aus ihren Reihen verdrängt, um anschließend für sich als eine um ‹Gleichberechtigung› ringende ‹Community› nach dem Vorbild der Schwarzen zu werben. Hierzulande stellte man sich stattdessen als kollektiv ‹wie die Jüd_innen› zu Unrecht aus der ‹Volksgemeinschaft› verstoßen und verfolgt dar – und versuchte dabei die Mitwirkung gleichgeschlechtlich empfindender ‹Arier› am antisemitischen Massenmord vergessen zu machen (vgl. Yılmaz-Günay/Wolter 2013). In beiden Fällen wurde das Buhlen von der herrschenden Politik mit überschaubaren Zugeständnissen belohnt – und der Einsatz für ‹Schwulen-› wie der für ‹Frauenrechte› nach außen sogleich zum festen Bestandteil der «westlichen, supranationalen Identität» (Balibar [s. o.]) deklariert.

Was daraus folgte, war der zuerst von der Queer-Theoretikerin Jasbir Puar analysierte ‹Homonationalismus› (Yılmaz-Günay/ Wolter 2013: 71f): ein festgefügtes Ineinander von diskursiven und materiellen Strategien globaler weißer Vorherrschaft. So vermag heute etwa die sogenannte *Human Rights Campaign* als einflussreichste US-amerikanische schwul-lesbische Organisation mit Hilfe eines über das Internet verbreiteten Icons binnen kürzester Zeit die Einführung der ‹Homo-Ehe› weltweit zu einem vordringlichen Thema zu machen – finanziert wird derlei Lobby-Arbeit von den größten Kriegswaffen-Produzenten der Vereinigten Staaten (Thrasher 2013). Innerhalb der ‹westlichen› Teilgesellschaften wird der Homonationalismus, zumal seit dem 11. September 2001, vor allem gegen Migrant_innen in Stellung gebracht (vgl. für einen umfassenden Überblick Yılmaz-Günay 2011b) und wirkt systemstabilisierend: «Das Recht auf […] Zugehörigkeit scheint vor allem dadurch einlösbar, dass eine Hierarchisierung verschiedener Bevölkerungsgruppen nicht nur billigend in Kauf genommen, sondern aktiv unterstützt wird; gesamtgesellschaftliche Emanzipation muss dort zurücktreten, wo das schwule Partikularinteresse eine Chance auf Verwirklichung erkennt» (Yılmaz-Günay/Wolter 2013: 72).

Gegen solches Teile-und-Herrsche wandten sich die ‹Seiltänzerinnen› und plädierten – scheinbar paradoxerweise – für migrantische Selbstorganisation. Tatsächlich lässt sich diese Gesellschaft nur durch das organisierte Interesse derjenigen, die in ihr am stärksten unterdrückt werden, in einem Sinn verändern, der wenn nicht allen, so doch den meisten zugutekommt – weshalb wir keineswegs uneigennützig sind, wenn wir sie vorbehaltlos, und das heißt zu *ihren* Bedingungen, unterstützen. Im queeren Bereich taten sich in der Bundesrepublik zuerst türkeistämmige Menschen zusammen – lesbische Frauen in Berlin bereits seit 1992 (İpekçioğlu 2007), Schwule und Trans* dort wie in Köln u. a. Städten seit Mitte der 1990er Jahre, als sich auch die Afrogays, Vereinigungen jüdischer Queers sowie schwuler Einwanderer aus Griechenland und weitere Gruppen bildeten. In Berlin wurden daraus mit LesMigraS (Lesbische/bisexuelle Migrant_innen und Schwarze Lesben und Trans*Menschen) als Teil der Lesbenberatung und dem Verein GLADT (Gays & Lesbians aus der Türkei) eigenbestimmte Arbeitszusammenhänge, die heute einerseits international gut vernetzt sind, andererseits tief in ein wachsendes Segment der hiesigen Gesellschaft hineinwirken: Dachverbände wie der Migrationsrat Berlin-Brandenburg mit etwa 80 Mitgliedsorganisationen oder auch der Türkische Bund haben mittlerweile queere Impulse in einem Maß aufgenommen, wie es in nicht-queeren Institutionen der Mehrheitsgesellschaft derzeit leider noch unvorstellbar ist.

Exkurs 1:
Politische (Selbst-) Bezeichnungen

Schwarz/weiß

Als politische Bezeichnung wird ‹Schwarz› groß geschrieben. Dazu die Bildnerin, Autorin und Musikerin Noah Sow in ihrem sehr empfehlenswerten Buch *Deutschland Schwarz Weiß: Der alltägliche Rassismus*: «Schwarz zu sein ist nichts, was man wirklich ist, sondern steht eher für gemeinsame Erfahrungen, die man in der Gesellschaft gemacht hat. Weiße können daher nicht bestimmen, wer Schwarz ist und wer nicht. [...] Schwarz heißt nicht gleich Migrant oder andersherum. Dass es auch nicht um ‹Fremdsein› geht, wird dadurch deutlich, dass Schwarze Deutsche von diesen Diskriminierungen ebenso betroffen sind.» (Sow 2009: 26, 29) Dagegen sind Weiße wie wir mit «einer Fülle von Privilegien geboren und aufgewachsen, die sie als dermaßen selbstverständlich empfinden, dass sie noch nicht mal wissen, dass sie existieren» (ebd.: 42). Nach einer Definition von GLADT dient ‹weiß› als «politische Bezeichnung für Menschen, die aufgrund körperlicher Merkmale (z. B. Hautfarbe) und sozialer Verortung (z. B. Mehrheitsgesellschaft) privilegiert sind, weil sie zu einer Struktur gehören, die nur bestimmten Menschen Zugang zu Gesundheit, Bildung, Medien, Politik, Wissenschaft etc. gestattet» (GLADT 2009).

Migrant_innen

Der Begriff ‹Migrantinnen› wurde ursprünglich von FeMigra, den Feministischen Migrantinnen Frankfurt, als politische Selbstbezeichnung geprägt, mit der sie «die Einwanderungsgeschichte und -politik dieses Landes [Deutschlands] in den Mittelpunkt» rücken wollten. Laut dem von ihnen verfassten Schlüsseltext *Wir, die Seiltänzerinnen* von 1994 hatten sie sich zuvor «als Schwarze Frauen verstanden, das heißt als Frauen, die nicht nur über Sexismus Unterdrückung, Ausbeutung und Ausgrenzung erfahren, sondern auch über rassistische Praktiken». Allerdings könne «die Kategorie Schwarz unsere spezifischen Erfahrungen nicht fassen [...]. Denn zum einen ist unsere Hautfarbe nicht schwarz und zum anderen bringt diese Kategorie den Grund für unsere Anwesenheit in Deutschland nicht zum Ausdruck. Der Begriff Migrantin dagegen kennzeichnet den Schritt der Immigration, den zum Teil unsere Eltern oder auch wir selbst machten, vor allem aber unterstreicht er die politisch-soziale Komponente des Vergesellschaftungsprozesses. Am Beispiel der Migration wird die Funktion des Rassismus in der nationalen und internationalen Arbeitsteilung deutlich.» (FeMigra 1994)

Doch dieser Begriff ist durch Politik und Medien der Mehrheitsgesellschaft rasch enteignet worden. Dem heutigen öffentlichen Diskurs folgend sind ‹Migrant_innen› hauptsächlich «Menschen mit Wurzeln in mehrheitlich muslimischen Ländern oder Gebieten – für den deutschen Kontext also v. a. Türk_innen und Kurd_innen, als die größten Migrant_innen-Gruppen, oder Araber_innen und Bosnier_innen. Darüber hinaus werden aber auch Menschen in die Schublade ‹Migration› gesteckt, die etwa als Sinti, Roma oder Schwarze Deutsche aufgrund ihrer äußeren Erscheinung als ‹Migrant_innen› identifiziert werden. Offensichtlich ist es der Blick der weißen deutschen Mehrheitsgesellschaft, der hier entscheidet, über wen gesprochen wird.» (Wolter/Yılmaz-Günay 2009: 38).

People of Color

Als Selbstbezeichnung von Menschen, die sich in einem politischen Sinn als nicht-weiß definieren, ist an die Stelle der ‹Migrant_innen› inzwischen der international gebräuchliche Ausdruck ‹People of Color› (abgekürzt P.o.C.) getreten. In Abwandlungen wird von ‹Women of Color› (W.o.C.) oder ‹queer People of Color› (q.P.o.C.) gesprochen, auch können beliebige andere Begriffe durch ‹of Color› zu eigenen gemacht werden.

Hierzulande findet sich eine frühe Verwendung dieser Terminologie, noch dazu in Verbindung mit dem intersektionalen Ansatz, in einem Aufruf, den Jin Haritaworn – als Wissenschaftler wie als Aktivist eine der international wichtigsten Stimmen von trans*/queer P.o.C. – und GLADT-Mitbegründer Koray Yılmaz-Günay im April 2003 in englischer und deutscher Sprache verschickten. Sie luden zu einer «Berliner Tagung ‹Queer und Ethnizität›» ein, die sich ausschließlich an Menschen richtete, «die queer of color, migrantisch oder jüdisch und queer sind», und «intersections of racism, antisemitism, sexism, homophobia and transphobia» zum Thema hatte. In dem Text hieß es u. a.: «Insbesondere suchen wir Leute, die ihre Erfahrungen als queere migrantische, jüdische oder Leute of color in verschiedenen Organisationen und Bewegungen teilen könnten.» Ihnen sollte mit der Veranstaltung «die Möglichkeit gegeben werden, [...] Netzwerke zu bilden und Handlungswege zur Bekämpfung von Unterdrückung zu erkunden» (Haritaworn/[Yılmaz-] Günay 2003). Heute haben migrantische Selbstorganisationen wie GLADT in der Regel auch einige weiße Mitglieder. Sie gehören gleichberechtigt dazu, können sich jedoch nicht einfach zu P.o.C. erklären – stattdessen sollten sie deren Verbündete sein.

Wir könnten unsere Position als weiße Queers kaum besser ausdrücken, als es Judith Butler im Juni 2010 in Berlin getan hat. Sie sollte damals mit dem sogenannten ‹Zivilcourage-Preis› des offiziellen Gay Pride der deutschen Hauptstadt geehrt werden. Am Vortag hatte sie sich allerdings mit den Berliner queer People of Color, die das Konzept ‹Homonationalismus› «erstmals ins Deutsche übersetzten» (Haritaworn 2012: 47), getroffen. Sie unterhielten sich mit ihr über das weiße schwule Establishment, das sich in Wirklichkeit mit der Theoretikerin selbst auszeichnen wollte. Vielleicht haben sie sie noch genauer über die rassistischen Hetzreden informiert, die einige dieser Herren seit Jahren in den Medien führten; vielleicht über die gefälschten Statistiken und immer neuen ‹wissenschaftlichen Studien›, mit denen jene ein ums andere Mal die ‹kulturell bedingte Gewalttätigkeit› von Migranten beweisen wollten; vielleicht auch über die umlaufenden pornographischen Phantasien, mit denen diese Herren sich dann an derselben ‹Unzivilisiertheit› aufgeilten. Jedenfalls hatte Butler nach dem Gespräch keine Lust mehr auf diesen Preis. Statt ihn auf der großen Bühne am Brandenburger Tor vor hunderttausenden Partygästen entgegenzunehmen, verweigerte sie dort mit einem beeindruckenden Statement «die Komplizenschaft mit Rassismus» (Butler 2010). Wir meinen, dass das eine sehr viel grundsätzlichere Kapitalismuskritik war, als wenn sie sich z. B. einfach ‹ökonomiekritisch› gegen die ‹Kommerzialisierung des Pride› gewendet hätte.

Von der Erfindung der Homosexualität zum Queer Lifestyle

Mit der weltweiten Durchsetzung der kapitalistischen Produktionsweise etablierte sich ein Denkmodell, «das Erscheinungen und Sein als eine universale Form zu erklären vorgibt», schreibt die Sozialwissenschaftlerin Encarnación Gutiérrez Rodríguez, die in den 1990er Jahren eine der ‹Seiltänzerinnen› war. Ihr zufolge ist auf der Grundlage einer «Metaphysik, die Spivak in der okzidentalen Philosophietradition verortet sieht, [...] ein Zugang zur Welt verallgemeinert worden, der erst durch die Verdrängung und Marginalisierung anderer Existenz- und Deutungsweisen herrschend werden konnte» (Gutiérrez Rodríguez 2001: 37). Die Geschichte der ‹männlichen Homosexualität› und ihrer Zurichtung zu einer ‹Identität› mit weltweitem Wiedererkennungswert belegt die Richtigkeit dieser These – unabhängig davon, ob ‹Homosexuelle› verfolgt werden oder politischen Kurswert besitzen. «Das Verfahren, Ambiguität durch Ausdifferenzierung einzudämmen, fordert seine Opfer», konstatiert der Arabist Thomas Bauer in seiner Kritik des globalen Sexualitätsdiskurses. «Ein frühes solches Opfer ist die *Freundschaft*.» (Bauer 2011: 274; Hervorhebung im Orig.)

Im Verlauf der ‹Reconquista› begann sich allmählich auch eine neue Bewertung mann-männlicher Erotik durchzusetzen. In Al-Andalus – wie in der übrigen ‹islamischen Welt› noch bis mindestens Mitte des 19. Jahrhunderts (vgl. Bauer 2011: 290) – hatte man jene als ein «Faktum, das dem Menschsein als solchem entspringt», angesehen (Klauda 2008: 51). Einige ihrer körperlichen Ausdrucksformen waren strafbar, wurden aber kaum je geahndet (vgl. zur Rechtspraxis ebd.: 33-43). Doch nun bahnte sich in Europa die «andere Form der Macht» an, von der Michel Foucault in seinem bahnbrechenden Werk *Sexualität und Wahrheit* spricht. Im Vergleich zum früheren einfachen Verbot bestimmter Akte ist für sie eine Differenzierung charakteristisch, «die eigentümlicherweise nicht mehr an spezifischen Handlungen, sondern an den Subjekten selbst haftet» (ebd.: 12). Diese geht auf Thomas von Aquin – den bis heute einflussreichsten katholischen Theologen überhaupt – zurück, der im 13. Jahrhundert die von muslimischen Denkern und Forschern erlernte Wissenschaft für den Nachweis nutzen wollte, dass die Einrichtung der Natur die Vernunft der kirchlichen Lehre bestätige. Da indes die ‹Sodomiten› anscheinend ganz unsinnige Lust am Unerlaubten empfanden, stattete er sie «mit einer von der menschlichen Gattung abweichenden Sondernatur» aus (ebd.: 68). Hatten schon im Hochmittelalter die ‹widernatürlichen› Praktiken ‹der› Muslime eine wichtige Rolle in der Propaganda für die ‹Kreuzzüge› genannten europäischen Raubkriege im südlichen und östlichen Mittelmeerraum gespielt (ebd.: 73f), sollten nun unter der christlichen Tyrannei in Spanien alle Spuren ‹arabischer Sinnlichkeit› ausgelöscht werden (vgl. Goytisolo 1982 [1969]: 65–70).

Dagegen wurde der «anti-erotische Angriff» in Frankreich und den protestantischen Ländern später «im Namen der neuen bürgerlichen Ethik vorgetragen, die mit dem ‹vernünftigen› Begriff der Arbeit das ‹Tierische› bekämpft» (ebd.: 67). Wir haben gesehen, wie Immanuel Wallerstein auf die sich mit dem Kapitalismus herausbildende Abspaltung eines ‹weiblich› konnotierten häuslichen Bereichs vom (Lohn-) Arbeitssystem hinwies: Sie verschleiert die meist von Frauen, aber auch von Kindern und alten Menschen geleistete (Reproduktions-) Arbeit, indem der außer Haus verdiente Lohn des Mannes als ‹Wert seiner Arbeit› erscheint statt als Bedingung der Reproduktion seiner Arbeitskraft (vgl. Heinrich 2004: 94ff zu Marx' Kritik der ‹Lohnform›). Obwohl die damit konstituierte ‹Privatsphäre› als eine vom öffentlichen Raum geschiedene auf die Rechnungsführung der kapitalistischen Unternehmen zurückging, erschien diese Trennung den Mitgliedern der entstehenden bürgerlichen Gesellschaft bald ebenso ‹natürlich› wie die Aufteilung der Welt in miteinander konkurrierende Nationalstaaten mit jeweils eigenen Wirtschafts- und Handelsbilanzen. Und sie wirkte auf den Umgang der Männer untereinander zurück, der «nicht mehr durch den ‹Körper des Freundes›» – und damit die immer gegebene Möglichkeit auch leidenschaftlicher Freundschaft – vermittelt wurde, «sondern vornehmlich durch formelle Vertragsbeziehungen, in denen die Einzelnen als Konkurrenten um den gesellschaftlichen Reichtum in Erscheinung traten». Während die «Familie [...] als affektiver Gegenpol zu den sachlichen und zunehmend unpersönlichen Beziehungen konstruiert [wurde], die im Bereich der männlichen Öffentlichkeit vorherrschten» (Klauda 2008: 95), suchte sich die verdrängte Homoerotik eigene Räume: Der Soziologe Georg Klauda hat die Herausbildung ‹schwuler› Subkulturen in einigen europäischen Städten seit dem frühen 18. Jahrhundert überzeugend als einen Effekt dieser Entwicklung beschrieben (ebd.: 86–98).

Die «Universalität der abendländischen Ratio» brauchte jedoch, um sich von der ‹Natürlichkeit› der Geschlechter- und sexuellen Verhältnisse des ‹Westens› zu überzeugen, weiterhin den «Trennungsstrich, den der Orient darstellt» (Foucault zitiert nach Bauer 2011: 268). Im 19. Jahrhundert ergänzte der Orientalist Richard Burton diesen Trennungsstrich, dem ausgedehnten britischen Kolonialreich angemessen, zur ‹sotadischen Zone› – einem «fiktiven geographischen Streifen, der [...] de facto nicht durch klimatische Bedingungen, sondern durch das Blühen ‹invertierter› Lüste demarkiert» war und vom Mittelmeerraum tief nach Afrika hineinreichte sowie Südamerika und weite Teile Asiens umfasste (Klauda 2007). Damals war «die Deutungshoheit über das, was jetzt ‹Sexualität› hieß, [...] von der Religion auf die Medizin übergegangen», erläutert Bauer in seiner *Kultur der Ambiguität*. Die Wissenschaft ging nun «wie selbstverständlich davon aus, daß ein zärtlicher Kuß und Vergewaltigungen im Krieg ein und demselben Bereich der menschlichen Natur zuzuordnen sind». (Bauer 2011: 273f) Gestützt auf diese Annahme, galt es vor dem Hintergrund des ‹unordentlichen› Sexes der ‹anderen› die eigene eindeutige Unterscheidung von lediglich zwei und ausschließlich aufeinander bezogenen Geschlechtern weiter auszuarbeiten (vgl. Voß 2011). Wie die Kulturwissenschaftlerin Fatima El-Tayeb ausführt, ließ dabei die «rigorose Anwendung der bereits in der Rassenforschung erprobten Normen [...] schließlich nur noch den weißen, bürgerlichen, heterosexuellen Mann als völlig normal erscheinen. [...] Frauen, deren Verhalten als abweichend definiert wurde, z. B. Lesben und Prostituierte, wurden ebenso für diese Degeneration verantwortlich gemacht wie Männer, die ihre Rollenvorgabe nicht angemessen erfüllten, d. h. Schwule. Sie alle – und oft ArbeiterInnen, durch ihre mangelnde bürgerliche Domestizierung als Gesamtheit schon verdächtig – waren ‹abweichend› aus denselben Gründen, aus denen ‹Wilde› es gewesen waren.» (El-Tayeb 2012 [2003]: 131)

Die ‹Homosexualität› wurde erstmals 1869 auf diesen Begriff gebracht – nicht zufällig von einem ‹Arzt›, Károly Mária Kertbeny (Karl-Maria Benkert), der argumentierte, sie sei «angeboren und daher nur den Gesetzen der Natur, nicht des Strafrechts unterworfen» (Jagose 2001 [1996]: 38). Dass dann aus der Homo- die Heterosexualität hergeleitet wurde – sich also die Norm aus der Abweichung ergab statt umgekehrt –, bestätigt Gayatri Chakravorty Spivaks Kerngedanken des ‹Othering›: «Die Markierung von Marginalität erschafft erst die Position des Zentrums» (Gutiérrez Rodríguez 2001: 38). Dieses scheint selbst allerdings nicht weiter erklärungsbedürftig zu sein. Intensiv erforscht wird dagegen seit jetzt über einem Jahrhundert die Homosexualität: Heinz-Jürgen Voß hat in einem eigenen Buch nachgezeichnet, mit welch ungeheurem Aufwand immer neue biologische, medizinische und psychiatrische Studien angestellt werden, um ihre ‹Ursachen› zu ergründen. Dabei ging und geht es sowohl denen, die Homosexualität bekämpfen, als auch denen, die sich für ihre Freiheit einsetzen, meist um die Frage von deren ‹Natürlichkeit›. (Vgl. Voß 2013) Im Lauf der Zeit wurde dabei aus einem Konzept, das in einer ganz konkreten gesellschaftlichen Situation in Europa – nämlich anlässlich der anstehenden Vereinheitlichung der Strafgesetzgebung im Deutschland des späten 19. Jahrhunderts[3] – erfunden worden war, eine universal gültige ‹wissenschaftlich bewiesene Wahrheit›.

Zu Recht ziehen El-Tayeb, Klauda und Thomas Bauer eine Linie von der früheren orientalistischen Konstruktion lüsterner warmer Länder zum heute vorherrschenden Bild, das die ‹islamische Welt›, ebenso monolithisch wie ehedem, nun als prüde, frauenfeindlich und homophob darstellt. Denn gerade die Karriere der Homo-Identität zeigt, wie genau Spivak mit ihrer zu Anfang diesen Abschnittes angeführten Überlegung einen

---

3   Vgl. zur Geschichte des Paragraphen 175 den zweiten Teil des vorliegenden Buches.

für den globalen Kapitalismus grundlegenden Mechanismus erfasst, den zeitgenössische deutsche Philosophen nicht einmal als Problem erkannten. So meinte Karl-Otto Apel, der analog zu Jürgen Habermas' ‹Theorie der herrschaftsfreien Kommunikation› eine ‹ideale Kommunikationsgemeinschaft› entwarf, noch Anfang der 1970er Jahre optimistisch: «Der Unterschied der Sprachspiele qua Lebensformen ist zwar nicht verschwunden, aber er ist gewissermaßen überspielt worden durch das – bei aller Komplexität doch kommunikative Einheit stiftende – Sprachspiel der Wissenschaft bzw. der aus ihrem Geiste erwachsenen Produktions-, Organisations- und Kommunikations-Technik. [...] Darüber hinaus läßt sich sogar als wahrscheinlich ansehen, daß auch die kaum übersetzbaren Intimbereiche der verschiedenen Kulturen bzw. Lebensformen, aufgrund des vertieften Wissens um die verschiedenen Strukturen, zumindest im Sinne einer praktischen, z. B. ethisch-politischen *Verständigung wechselseitig interpretierbar* werden.» (Apel 1974: 1399; Hervorhebungen im Orig.) Die reale transkontinentale ‹Kommunikationsgemeinschaft› ist aber durch eine erkenntnistheoretische Gewalt geprägt, die auf einem «früheren ökonomischen Text» – nämlich dem des kolonialistisch durchgesetzten Kapitalismus – aufbaut, wie Gayatri Chakravorty Spivak feststellt (Spivak 1988: 283 [Übers. S. W.]). Entsprechend einseitig verläuft die Interpretation: In der ‹Islamischen Republik Iran› werden z. B. die von Mitgliedern der Sufi-Bruderschaften von alters her getragenen Ohrringe heute nach ‹westlichem› Vorbild als ‹Gay› gelesen und ihre Träger verfolgt (Mahdjoubi 2003: 91).

Die postkoloniale Theorie und die Queer Theory haben eine neue Generation von Studierenden im deutschen Sprachraum mit als ‹poststrukturalistisch› gelabelten Denker_innen bekannt gemacht, die aus der sprachphilosophischen Wende der Philosophie im 20. Jahrhundert gänzlich andere und für eine Kapitalismuskritik teilweise fruchtbarere Schlussfolgerungen zogen als das bundesrepublikanische akademische Establishment der vergangenen Jahrzehnte. Vielleicht noch erhellender könnte zunächst ein genauer Blick auf die Ursprünge von *queer* sein.

Stonewall revisited:
Eine kleine Bewegungsgeschichte

Als Judith Butler den ‹Zivilcourage-Preis› des Berliner CSD zu-
rückwies, ist auch der Versuch, *queer* ganz im Homo-Main-
stream aufgehen zu lassen, vorläufig gescheitert. So bedeutet das Wort weiterhin (mindestens) zweierlei – und teilweise
Entgegengesetztes. Einerseits dient es als Sammelbezeichnung
für alles, was ‹irgendwie nicht hetero› ist. Beispielsweise ge-
fiel der Begriff einem schwulen Parteifunktionär, der sich offenbar genötigt sah, gelegentlich noch andere geschlechtliche
und sexuelle Identitäten mit aufzuzählen, schlicht deshalb, weil
er «möglichst viele Leute zusammen[fasst]» und «einem auch
diese Abkürzungsirrtümer erspart (LGBTTIQ)[4]. Man vergisst keinen.» (Siegessäule 2008) Andererseits gibt der Begriff *queer*
den Bezug auf eine manchmal sehr voraussetzungsreich formulierte intellektuelle Kritik des Regimes der Zweigeschlechtlichkeit, ein vor allem in den Hochschulen produziertes Wissen.
Dabei hat in Deutschland das «Ungleichgewicht zwischen einem großen Interesse für die Theorie und einer vergleichsweise
geringen politischen Praxis […] dazu geführt, dass *queer* hier
mehr als in englischsprachigen Ländern der schlechte Ruch des
Akademischen, Abgehobenen, Weltfremden anhaftet» (Woltersdorff 2003: 920). Beiden Verwendungen ist jedoch allzu oft
ein unreflektiert weißes Verständnis gemeinsam, und immer
noch wird im einen wie im anderen Fall zu selten konkret nach
dem Zusammenhang mit kapitalistischen Verhältnissen gefragt.
Es waren aber, wie Jin Haritaworn hervorhebt, «[S]chwarze und
Drag Queens/Transgender of colour aus der Arbeiterklasse», die
schon in den 1960er Jahren den Widerstand gegen das hete-
ronormative Zwangssystem trugen und «sich in Abgrenzung
zu weißen Mittelklasse-Schwulen und Lesben ‹queer› nannten,
lange bevor deren akademische Nachfahren sich diese Identität
aneigneten» (Haritaworn 2005: 26).

Das *Whitewashing* beginnt mit dem Geburtstag der ‹Queer
Community› (vgl. ebd.). Bereits im August 1966 revoltierten in
San Francisco, wo sich zuvor queere Jugendliche von der Stra-

---

4   LGBTTIQ steht für Lesbian/Gay/Transsexual//Transgender/Intersex/
     Queer

ße in der Selbsthilfeorganisation Vanguard zusammengeschlossen hatten, Schwarze Trans*-Frauen und Sexarbeiter_innen im *Compton's Cafeteria Riot* gegen Polizeiwillkür (Stryker 2004; Baijko 2011). Doch mit den *Gay-Pride*-Paraden wird heute in den Metropolen der ‹westlichen Welt› alljährlich eines späteren Aufstands in New York City gedacht – oder vielmehr der durch gesettelte Homos von Hinweisen auf Klasse, ‹Rasse› und nicht eindeutig ‹männliches› Geschlecht weitgehend ‹gesäuberten› großen Erzählung dessen, was dort in der Christopher Street im Stadtviertel Greenwich Village Ende Juni 1969 geschehen sein soll. (Gan 2007: 127; Monroe 2012)

Nach zuverlässigen Quellen (besonders Gan 2007: 131ff gibt zahlreiche historische Belege) war es so: Bei einer der damals üblichen Razzien widersetzten sich einzelne Besucher_innen des *Stonewall Inn* – in dem Club verkehrten neben weißen Schwulen, «die Jungs verschiedener Hautfarbe abschleppen wollten», auch Lesben und Trans* of Color (Bericht Sylvia Rivera nach Gan 2007: 131 [Übers. S. W.]) – den entwürdigenden Identitätskontrollen. Als die sich wehrenden Trans* und Lesben abgeführt werden sollten und dabei von den Beamten misshandelt wurden (Gan 2007: 131f), sammelten sich vor dem Lokal immer mehr aufgebrachte Queers aus der Nachbarschaft – unter ihnen die jungen Obdachlosen, die gewöhnlich im nahegelegenen Park schliefen (Feinberg 1998; Monroe 2012). Es flogen Molotov-Cocktails, und in dieser und den folgenden Nächten kam es in dem Viertel zu stundenlangen heftigen Konfrontationen mit herbeigerufener Bereitschaftspolizei. Dabei «waren es die Straßen-Jugendlichen und Gender-variante Menschen aus der näheren Umgebung – viele von ihnen aus der Arbeiterklasse und of Color –, die bei den Auseinandersetzungen in vorderster Reihe standen. Diejenigen, die am häufigsten Ziel von Polizeischikanen waren, die gesellschaftlich und ökonomisch Marginalisierten, kämpften am entschlossensten.» (Gan 2007: 131 [Übers. S. W.]; vgl. Monroe 2012)

Zu diesen *Stonewall Warriors* gehörten zwei von Haritaworn (2005: 26) namentlich erwähnte Trans*: die damals erst 17-jährige Latina Sylvia Rivera, die schon als Kind anschaffen ging (Feinberg 1998), und an ihrer Seite ihre acht Jahre ältere Schwarze Freundin und ‹große Schwester› Marsha P. Johnson (Gan 2007: 130f). Rivera wird heute in der Homogeschichtsschreibung immerhin nachgerufen, dass sie als «legendäre Veteranin […] das Ereignis mit ausgelöst hat, aus dem das moderne *Gay Rights Movement* hervorging» (Matzner 2004 [Übers. S. W.]). Johnson, die u. a. als Drag-Performerin arbeitete und einmal von Kunststar Andy Warhol fotografiert wurde, hat sogar einen gewissen posthumen Underground-Kultstatus – der Dokumentarfilm *Pay It No Mind* mit Originalaufnahmen von ihr fand 2012 einige Beachtung. Tatsächlich haben die beiden unmittelbar nach dem Ende der Straßenkämpfe in Greenwich Village aber auch als Aktivistinnen und Organisatorinnen erheblich dazu beigetragen, dass aus der spontanen Rebellion überhaupt eine der ‹erfolgreichsten› neueren politischen Bewegungen werden konnte. Diese hat es ihnen zu Lebzeiten – zurückhaltend formuliert – schlecht gedankt.

Sylvia Rivera war im Sommer 1969 eine der Gründer_innen der *Gay Liberation Front (GLF)* (Bronski 2002), wobei ‹Gay› in den ersten Jahren nach Stonewall ganz offensichtlich noch nicht exklusiv ‹schwul› meinte. Die Gruppe begriff sich als Teil eines größeren revolutionären Zusammenhangs und bildete den Kern der Queers, die damals «auf eine Veränderung unterdrückerischer Gesellschaftsstrukturen» zielten. Ähnlich den lesbischen Feministinnen verbanden sie dabei – wie Annamarie Jagose in ihrer Einführung in die Queer Theory herausarbeitet – das Engagement gegen männliche Vorherrschaft, Rassismus und Kapitalismus mit «einem konstruktivistischen Sexualitätsverständnis». Zudem machten sie sich «für einen radikalen gesellschaftlichen Wandel stark, weil Homo-Befreiung erst dann gewährleistet sei, wenn die Kategorie Geschlecht abgeschafft würde». (Jagose 2001 [1996]: 80) Sie waren – wie letztlich das ganze *Gay Rights Movement*, das auf sie zurückgeht – von *Black Power* inspiriert (Gan 2007: 132; Monroe 2012). Umgekehrt sprach sich Huey Newton, der Vorsitzende der *Black Panthers*, im Sommer 1970 für einen gemeinsamen Kampf mit ‹Gays› und Feministinnen aus (Newton 2002). Als sich Rivera im folgenden Jahr mit ihm traf (Feinberg 1998), hatte sich die *GLF* zwar bereits aufgelöst – doch auch für die moderatere Organisation *Gay Activists Alliance (GAA)* setzte sie sich mit ganzer Kraft ein, insbesondere in der Kampagne für ein *Gay Rights Bill* genanntes Antidiskriminierungsgesetz in New York City (Gan 2007: 135).

Aber die durch das überwölbende Label ‹Gay› suggerierte radikale Eintracht von Menschen mit tatsächlich recht unterschiedlichen sozialen Situationen erwies sich als trügerisch –

Sylvia Rivera wurde in der *GAA* rassistisch und klassistisch ebenso wie transphob gemobbt. Die «allgemeine Mitgliedschaft» habe ihr Auftreten als «beängstigend» empfunden, wird ein Funktionär der Vereinigung zitiert: «Sie haben Angst vor Leuten von der Straße.» Martin Duberman – ein Pionier der universitären *Gay and Lesbian Studies* – recherchierte, dass diejenigen Aktivist_innen, die sie nicht sowieso schon von vornherein «aufgrund ihrer dunkleren Hautfarbe mieden oder sich über ihr lückenhaftes, leidenschaftliches Englisch lustig machten, ihren unverblümten Anarchismus als der Ordnung abträglich betrachteten oder ihren wiegenden Gang als Beleidigung des Frauseins anprangerten». (Zitate nach Gan 2007: 133 [Übers. S. W.]) Rivera blieb ihrerseits dennoch solidarisch und tat für die Organisation, was auch immer möglich war. Einmal wurde sie sogar bei dem Versuch verhaftet, in Fummel und hochhackigen Schuhen die Fassade der City Hall in Manhattan zu erklimmen, um eine Stadtratssitzung, bei der hinter verschlossenen Türen über die *Gay Rights Bill* beraten werden sollte, zu sprengen. (Wilchens 2002; Bronski 2002)

Sylvia Rivera und Marsha P. Johnson haben 1970 auch *STAR*, die *Street Transvestite* (heute: *Transgender*) *Action Revolutionaries*, gegründet und gelten deshalb ebenfalls als Pionierinnen des *Transgender Movement* (ebd.). In einem Hausprojekt in New Yorks Lower East Side boten die beiden Zuflucht und, wie man heute sagen würde, ‹Empowerment› für obdachlose ‹Gays› – vor allem Trans*-Frauen und Jugendliche vom Straßenstrich – und konnten diesen Schutzraum eine Weile erhalten, indem sie selbst ‹anschaffen› gingen. Kraft bekam Rivera von den *Young Lords*, einer radikalen Vereinigung junger Puertoricaner_innen, von der sie akzeptiert wurde, wie sie war, und mit der Johnson und sie unter dem *STAR*-Banner gegen polizeiliche Repression im Stadtteil East Harlem demonstrierten (Feinberg 1998). Sie sah also durchaus die Notwendigkeit der Selbstorganisation von People of Color, um vor der weißen Mehrheitsgesellschaft sichere Orte zu schaffen. Gleichwohl scheint sie in den frühen 1970er Jahren an so etwas wie einen allgemeinen queeren Aufbruch geglaubt zu haben (vgl. Gan 2007: 133) – bis sie, wie alle Trans*, 1973 aus der *GAA* ausgeschlossen wurde, weil man fand, dass die *Gay Rights Bill* bessere Chancen habe, wenn sie von geschlechtskonformen Personen vertreten werde (Bronski 2002, der trocken anmerkt, dass es dann trotzdem noch bis

1986 gedauert hat). Was unter dem von der Schwarzen Befreiungsbewegung geborgten und abgewandelten Slogan *Gay Power* begonnen hatte, war zur Interessenvertretung eines sich etablierenden weißen schwul-lesbischen ‹Mittelstands› geworden.

Sylvia Rivera unternahm 1973 einen Suizidversuch, nachdem sie bei einer Großveranstaltung zur Erinnerung an die Rebellion in der Christopher Street auf ihrem Weg zur Bühne von weißen Schwulen geschlagen worden war und weiße Lesben sie auf Flugblättern als ‹Frauendarsteller› zur unerwünschten Person erklärt hatten (Gan 2007: 133). Sie lebte, drogenkrank, auf der Straße, als sie von Duberman ‹wiederentdeckt› wurde, der sie für sein 1993 erschienenes Buch *Stonewall* interviewte – die vorherrschende Homopolitik hatte sie zwei Jahrzehnte lang aus dem Gedächtnis gestrichen (vgl. ebd.: 127). Im Jahr darauf führte sie den alternativen New Yorker *Gay Pride* der Stonewall-Veteran_innen an. Die hätten bei der offiziellen Parade zum 25. Jubiläum als ‹Überlebende› des Aufstands dankbar den Reden der neuen Koryphäen der ‹Community› zuhören sollen. «Wir haben das nicht überlebt; wir haben es gemacht», war ihre selbstbewusste Antwort (Stonewall 25 [Übers. S. W.]). Im nächsten Winter wurde Rivera vom Schwulen- und Lesbenzentrum in Manhattan ein jahrelang gültiges Hausverbot erteilt, weil sie vehement gefordert hatte, dass Queers von der Straße dort in den kalten Nächten schlafen können. Zuletzt wohnte sie in einem Heim für mittellose Trans* in Brooklyn und starb 2002 an Leberkrebs. Noch auf der Intensivstation, wenige Stunden vor ihrem Tod, agitierte sie gegen die Agenda der *Human Rights Campaign* (Bronski 2002). Marsha P. Johnson war bereits 1992, ein paar Tage nach dem CSD jenes Jahres, am Pier am Ende der Christopher Street tot aufgefunden worden – bis heute ist nicht geklärt, ob es ein transphober und/oder rassistischer Mord war. Die Ermittlungen wurden im Dezember 2012 wieder aufgenommen.

Die Tragik ‹unserer Vorkämpfer_innen› lässt sich nicht darauf reduzieren, dass in der Frühzeit der Bewegung die «Idee von ‹Gender als Performance› noch nicht klar artikuliert worden» war, wie es Michael Bronski, Autor einer *Queer History of the United States*, in seinem von Sympathie getragenen Nachruf auf Sylvia Rivera suggerierte und dabei deutlich auf Butlers theoretische Leistung anspielte (Bronski 2002 [Übers. S. W.]). Jessi Gan, Verfasserin der wichtigsten Studie zu Rivera – geschrieben aus einer Perspektive of Color – spricht sich gegen solche Vereinfachung und Vereinnahmung aus. Sie weist darauf hin, dass Differenz und Hierarchie auch Begriffe von Trans* durchziehen: Sylvia Rivera «war arm und Latina, während einige Transgender-Aktivist_innen, die unter Berufung auf ihre [Riveras] Geschichte politische Forderungen stellen, weiß sind und der Mittelklasse angehören» (Gan 2007: 127 [Übers. S. W.]). Nicht alle sind also durch die «Überschneidungen von Queer- und Trans-Leben mit Rassismus, Neoliberalismus, Gentrifizierung» (Haritaworn 2012: 51) in gleicher Weise betroffen. ‹Tragisch› ist deshalb eher, dass sich viele von ‹uns› nach dem Aufbruch, der durch die Ereignisse in der Christopher Street eingeläutet schien, schnell wieder in der Bürgerlichkeit der eigenen Herkunft eingerichtet haben – Schwul-, Lesbisch-, und irgendwann später vielleicht sogar Trans*-Sein sollten auch ‹dazugehören›, und das war's dann eben. Womöglich noch tragischer ist es jedoch, sich die Anpassung an die eigene privilegierte Position als ‹subversive Praxis› schönzureden.

So wollte Edmund White, der repräsentative Schriftsteller der weißen ‹Generation Stonewall› in den USA, knapp zehn Jahre nach dem Aufstand in einem klugen kleinen Essay die Frage beantworten, warum «der schwule Sadomasochist, obgleich er der Elite angehört, Arbeiter dar[stellt] – LKW-Fahrer, Bauarbeiter, Fernmeldetechniker» – und dabei doch insgeheim wisse, «daß der Anwalt der verwegenere und hemmungslosere Liebhaber wäre». Um das Rollenspiel zu erklären, steigt der Autor in öde Kindheiten hinab, in denen die Papis immer Anzug trugen, von «Aktienbezugsrechten» faselten und sich nie «an ihren deodorierten Schwänzen kratzten», während die «einzigen nackten Oberkörper […] die von Bauarbeitern» draußen auf der Straße waren. Er verweist auf die überall sichtbaren «Folgen von Rassenvorurteilen und von Sexismus», zitiert seinerzeit hippe französische Theorie, wonach «‹[d]er Klassenkampf […] bis ins Herz des Verlangens›» gehe, und argumentiert, dass mit der sexuellen Inszenierung von Dominanz und Unterwerfung die Gewalt, die unsere Gesellschaft beherrscht, exorziert werden solle. Aber auf die Idee, dass ‹der schwule Sadomasochist› vielleicht ein echter Schwarzer Arbeiter sein könnte, vermochte White zu diesem Zeitpunkt schon nicht mehr zu kommen.

(White 1996 [1979]: 101ff; das Zitat im Zitat ist von Gilles De-
leuze / Félix Guattari)

Ein weiteres Jahrzehnt später war in den Vereinigten Staaten aus der einstigen ‹Homo-Befreiung› einerseits eine blühen-
de «*pink economy*» zum «eigenständigen Marktsegment» er-
wachsen. Andererseits suchte eine institutionalisierte schwul-
lesbische Lobby ihr Klientel – über das inzwischen die Aids-
Epidemie hereingebrochen war – «in die US-amerikanische
Verteilungspolitik zu integrieren» und stellte dazu insbesondere
«Schwule als assimilationswillige großstädtische Einkommens-
elite dar, die sich nach Anerkennung durch den Mainstream
sehnt». (Woltersdorff 2003: 914; Hervorhebung im Orig.) Diesem Trend verweigerte sich *queer*, das als kritischer theoreti-
scher Ansatz – aus dem Umfeld der *Gay and Lesbian Studies*
kommend – erstmals 1991 so genannt wurde (vgl. Jagose 2001
[1996]: 14, 160). Etwa gleichzeitig entstand unter demselben
Namen «eine neue Form der Bündnispolitik von sehr unterschiedlichen gesellschaftlichen Außenseiterinnen und Außen-
seitern, die deshalb auch als ‹Regenbogenkoalition› bezeichnet
und symbolisiert wurde». Sie thematisierte z. B. angesichts von
Aids die katastrophale Situation von Menschen ohne Kranken-
versicherung oder Geld für medizinische Versorgung – in den
USA waren davon Nicht-Weiße, «die traditionell den ärmeren
Schichten angehören, [...] besonders betroffen». Im Seminar
wie auf der Straße sollte es zunächst darum gehen, «die rand-
ständigen Positionen der offiziellen Identitätspolitik ins Zentrum
zu rücken». (Woltersdorff 2003: 915)

Zur Popularität von *queer* im deutschen Sprachraum trug
vielleicht bei, dass – wie der Kulturwissenschaftler Volker Woltersdorff ironisch formuliert – das Fremdwort «nicht gleich
verrät, was sich Schmutziges dahinter verbirgt» (ebd.: 920).
Anfangs wurde es hier häufig einfach synonym für schwul-lesbische Zusammenarbeit verwendet: ein ‹Wir›, das sich in der
Bundesrepublik nach der deutschen Vereinigung von 1990 zu
formieren begonnen hatte. Im Rahmen der Neudefinition der
Nation forderten meist männliche Homo-‹Bürgerrechtler_in-
nen› damals ‹unser Stück vom Kuchen› – und sollten es bekommen. Queere Zusammenschlüsse, die sich in der Zeit des
Umbruchs in Ostdeutschland herausgebildet hatten (vgl. Jagose
2001: 188), ließen sich entweder von westlichen Nachwuchs-
politikern auf dem Weg zur ‹schwulen Macht› in den künftigen

Lesben- und Schwulenverband (LSVD) überführen oder wurden von den Medien kaum noch zur Kenntnis genommen. (Vgl. Stedefeldt 1998) Ebenso erging es den Lesbenorganisationen der alten BRD, die eigenständig bleiben wollten, während sich Homogruppen, die sich dort mehr oder weniger am DDR-Sozialismus orientiert hatten, auflösten. Heute behaupten der LSVD und die sogenannte Initiative Queer Nations, die Vielfalt einer ‹LGBTTIQ-Community› zu repräsentieren. In deren Namen formulieren sie – wie die Queer-Theoretikerin Antke Engel kritisiert – im Einklang mit dem ‹Nationalen Integrationsplan› der Bundesregierung «Ansprüche an ‹die› Migrantinnen und Migranten […], die selbstredend weder lesbisch, schwul oder transgender sind noch berechtigt, die Grundregeln gesellschaftlichen Zusammenlebens politisch umzugestalten» (Engel 2009: 41f).

Zugleich dient *queer* als Selbstbezeichnung einer in hiesigen Universitätsstädten verbreiteten Szene überwiegend ‹gutbürgerlich› geprägter junger Menschen, die sich durch einen politisch ‹reflektierten› akademischen Jargon von bornierten Homos unterscheiden wollen – indes oft bereits durch ihren Habitus die Ausschlüsse ihrer Klasse reproduzieren. Nicht zufällig gilt es auch in diesen Kreisen als ‹schwierig›, vom Kapitalismus zu sprechen.

Über Foucault hinaus? Kapitalismus und sexuelle Formverhältnisse im Wandel

In der Entwicklung der Gay-Bewegung zeigt sich ein Muster, das Fernand Braudel als grundlegend für die neuzeitliche ‹westliche› Geschichte erkannte: Die ‹Kultur› – im weiten Sinn von Alltagspraxis und -verstand – bietet dem Kapitalismus stets «Stütze und Widerspruch» in einem. Nach heftigen Protestbekundungen stellt sie sich «doch fast immer erneut schützend vor die herrschende Ordnung, ein Vorgang, aus dem der Kapitalismus einen Teil seiner Sicherheit zieht». (Braudel 1986b [1979]: 699)

Da die Queer Theory in der neoliberalen sozio-ökonomischen Umgestaltung der Gesellschaft vor allem «ein Interventionsfeld kultureller Politiken» sieht, wie Engel schreibt (AG Queer Studies 2009: 106; vgl. Engel 2009: 16ff), gilt es, den Kulturbegriff näher zu bestimmen, um die Relevanz dieses Zugangs für praktische Kapitalismuskritik bewerten zu können. Dabei erweist sich gerade das am fruchtbarsten – und übrigens am nächsten bei Karl Marx –, was ‹Traditionsmarxist_innen› am meisten an *queer* stört: das ‹poststrukturalistische› Erbe der Auflösung des ‹Subjekts›. Marx sah den Ursprung dieser philosophischen Erfindung in der europäischen bürgerlichen Gesellschaft des 18. Jahrhunderts, als erstmals «die verschiednen Formen des gesellschaftlichen Zusammenhangs dem Einzelnen als bloßes Mittel für seine Privatzwecke entgegen[traten]». Er wies darauf hin, dass «die Epoche, die diesen Standpunkt erzeugt, […] grade die der bisher entwickeltsten gesellschaftlichen Verhältnisse» war, und befand: «Die Produktion der vereinzelten Einzelnen außerhalb der Gesellschaft […] ist ein ebensolches Unding als Sprachentwicklung ohne *zusammen* lebende und zusammen sprechende Individuen. Es ist sich dabei nicht länger aufzuhalten.» (MEW 13 [1857]: 615) Indes tut ‹unsere› Kultur alles dafür, dass wir uns weiter dabei aufhalten. Wo Queer Theory wirklich subversiv ist, setzt sie genau hier an.

Am Anfang stand der Anschlag auf das stolze Subjekt schwuler Emanzipation, den Michel Foucault führte. Er schrieb, dass «an den Rand gedrängte sexuelle Identitäten nicht einfach Opfer» der Macht sind, sondern «durch die gleichen Wirkungsweisen produziert» werden wie die Macht. Entgegen einer schlichten «Repressionsthese» gehörten die Unterdrückung und der Widerstand dagegen «zu demselben historischen Netz». (Nach Jagose 2001 [1996]: 104f) Es wurde, wie wir sahen, im Zusammenspiel von Herrschaft, Ökonomie und Sexualität im ‹Westen› geknüpft und der ganzen Welt übergeworfen. Galt Foucaults Aussage für ‹den› Homosexuellen, wie er sich in den hundert Jahren zwischen der ‹wissenschaftlichen Begründung› seiner ‹natürlichen Veranlagung› und dem vermeintlichen Beginn seiner Selbstbefreiung herausgebildet hatte, so wenden Vertreter_innen der Queer Theory den Gedanken auch auf die Zeit nach Stonewall an. Beispielsweise stellt Douglas Crimp zu Recht in Frage, dass ‹wir› «auf unserem Homo-Sein (*gayness*) eine politische Bewegung auf[gebaut]» hätten: «War es nicht umgekehrt die entstehende politische Bewegung, die uns in die Lage versetzte, eine Homo-Identität (anstelle einer homosexuellen oder homophilen) zu formulieren?» (nach ebd.: 80; Hervorhebung im Orig.).

Entsprechend ist die Erkenntnis, dass heute mehr denn je «queere, privatwirtschaftliche und staatliche Vorstellungsbilder und Diskurse […] nicht sauber voneinander getrennt, sondern integral verwoben» sind (Engel 2009: 227f), gemeinsamer Ausgangspunkt der Queer-Theoretiker_innen Nancy Peter Wagenknecht und Antke Engel, die in ihren jeweiligen Arbeiten zur Ökonomiekritik aber unterschiedliche Akzente setzen. Ein Beitrag von Ersterem erlaubt es, im Folgenden einige für kritisches queeres Denken bedeutsame theoretische Konzepte – in unvermeidlicher Kürze – vorzustellen:

Für Engel bleibt Michel Foucaults «diskursanalytischer Ansatz» – ergänzt um Anregungen aus der Psychoanalyse – verbindlich, weil er es ihr ermöglicht, die gewünschte «reflexive Distanz gegenüber den im Umlauf befindlichen Sichtweisen» zum Verhältnis von *queer* und Neoliberalismus einzunehmen (ebd.: 30). Dagegen will Wagenknecht in seinen Überlegungen, «wie die Produktionsweise des transnationalen HighTech-Kapitalismus ihre sexuellen Subjekte formiert», noch über den analytischen Rahmen hinausgehen, den der Philosoph mit dem *Dispositiv* gesteckt hat. Dieser Begriff bezeichnet «eine Machtstruktur […], die die Praxen der Wissensproduktion und der Lebensführung reguliert». Das Dispositiv ist das Ergebnis des Kräfteverhältnisses, das nach einer «Vielzahl der gewonnenen oder verlorenen Kämpfe» besteht und durch das «Verlauf und Ausgang späterer Auseinandersetzungen mitbestimmt» werden. (Wagenknecht 2005) Obwohl Foucault damit die reine Diskursanalyse erweiterte, um sozialen Wandel erklären zu können (vgl. Gasteiger 2008: 44f), hat er laut Nancy Peter Wagenknecht einerseits die Rolle «der materiellen Produktion […] systematisch unterschätzt», andererseits nicht genügend herausgearbeitet, dass das Dispositiv «auch eine Regulation der Organisation kollektiver Interessen ist».

Wagenknecht bezieht deshalb Erwägungen Antonio Gramscis mit ein, der in seinen umfangreichen *Gefängnisheften* aus den 1930er Jahren u. a. die ‹Formverhältnisse des Sexuellen› in seiner Zeit studierte. Sein Denken kennzeichnet, «dass er im ökonomischen Moment keine allein determinierende Kraft sieht, sondern es in Wechselwirkung mit und geformt von anderen Kräfteverhältnissen untersucht. Gleichwohl macht er es zum Ausgangspunkt seiner Überlegungen: Im Gefüge der gesellschaftlichen Produktion sind die Individuen auf vergeschlechtlichte, rassistisch markierte Klassenpositionen gewiesen und gehören damit Gruppierungen an, ‹deren jede eine Funktion in der Produktion selbst repräsentiert› und die zueinander ins Verhältnis gesetzt sind». (Wagenknecht 2005; Zitat Gramsci VII: 1560)

Als führender Kopf der Kommunistischen Partei Italiens, die er mit begründet hat, unter der faschistischen Diktatur eingekerkert, ging Gramsci in seinen Aufzeichnungen der Frage nach, warum es Kommunist_innen in den Kernländern des Kapitalismus nicht gelungen war, an den Erfolg der sozialistischen Revolution in Russland anzuknüpfen. Den Hauptunterschied erkannte er darin, dass der Staat dort, wo ihn die Bolschewiki erobern konnten, «alles» gewesen sei, im ‹Westen› dagegen «nur ein vorgeschobener Schützengraben, hinter welchem sich eine robuste Kette von Festungen und Kasematten befand»: die *Zivilgesellschaft* (Gramsci IV: 874). Sie trägt durch ihren Konsens die staatliche Gewalt (ebd.: 916) und lässt sich von der ‹politischen Gesellschaft›, das heißt dem unmittelbar Macht ausübenden Staat, methodisch, jedoch nicht organisch unterscheiden (vgl. Gramsci III: 498f, VII: 1566). Es handelt sich demnach nicht etwa um ein herrschaftsfreies Terrain, auf dem Menschen «zivilisiert, also friedlich disputierend, ungestört von Geschlechterhierarchie, Klassenspaltung, Rassismus oder ähnlichen Übeln» miteinander umgehen könnten. Vielmehr ist die Zivilgesellschaft der «Ort des Kampfes um Hegemonie». (Wagenknecht 2005)

Ergänzend sei hier auf den marxistischen Theoretiker Louis Althusser hingewiesen, der großen Einfluss auf die Queer Theory hatte (vgl. Jagose 2001 [1996]: 101–107). Im Anschluss an Antonio Gramsci skizzierte er eine «andere Realität, die offensichtlich auf der Seite des (unterdrückenden) Staatsapparates steht, aber nicht mit ihm verschmilzt» und die er *Ideologische Staatsapparate (ISAs)* nannte. Sie entsprechen Gramscis ‹Zivilgesellschaft› und decken ab, was Braudel unter der ‹Kultur› verstand: Althusser unterscheidet die ISAs des Familien- und des religiösen Lebens, des Bildungs- und des Justizwesens, der Parteien und der Gewerkschaften, der Medien und schließlich der Kultur im engeren Sinn, zu der er auch den Sport zählte. In jeder dieser Institutionen reproduziert sich die «Qualifikation der Arbeitskraft […] in den Formen der ideologischen Unterwerfung», und damit dienen sie alle der «Reproduktion der Produktionsverhältnisse, d. h. der kapitalistischen Ausbeutungsverhältnisse».

Dabei sagt die Ideologie «nie: ‹Ich bin ideologisch›», sondern wirkt in der Praxis gerade dadurch, dass sie uns als selbstbestimmte Subjekte erscheinen lässt. Louis Althusser versucht das mit dem Begriff der *Anrufung* zu verdeutlichen. Durch sie werden «aus der Masse der Individuen [...] Subjekte ‹rekrutiert› oder diese Individuen in Subjekte ‹verwandelt›». Er gibt das viel zitierte Beispiel des Polizisten, der auf der Straße «He, Sie da!» ruft – und jeder_r in der Menge der Passant_innen fühlt sich sofort ertappt: Das staatsbürgerliche Subjekt ist also ein Produkt der Unterwerfung unter die Macht der Polizei. Nach dem gleichen Muster werde auch ein Kind schon vor seiner Geburt zum Subjekt «bestimmt in und durch die spezifische familiäre ideologische Konfiguration, in der es nach der Zeugung ‹erwartet› wird» und dann «‹seinen› Platz ‹finden› muß, d. h. zu dem geschlechtlichen Subjekt (Junge oder Mädchen) werden muß, das es bereits von vornherein gewesen ist». (Althusser 1971 [1970])

Anhand der Betrachtungen von Antonio Gramsci zeichnet Nancy Peter Wagenknecht nach, wie in den USA im Zeichen des ‹Fordismus› die «individuellen Lebensstile [...] durch Überlagerung von Massenproduktion, Massenkonsum und Massenkultur (gelenkt von einer sich rasant entwickelnden Kulturindustrie)» geformt wurden. Gramsci sah, dass die mit dem Namen des US-amerikanischen Großunternehmers und antisemitischen Publizisten Henry Ford verbundene «Umwälzung der Produktionsweise einen komplex vermittelten und eingebetteten Puritanisierungsschub mit sich brachte, der die männlichen Fabrikarbeiter auf völlige Verausgabung ihrer Kräfte in der Fließbandarbeit dressierte. Nötig war dazu eine Disziplinierung der Körper und speziell der Sexualität. Verhältnismäßig hohe Löhne machten es möglich, dass Frauen in Hausfrauen verwandelt wurden», betraut mit der Sorge für eine Kleinfamilie und die «konsumistische Regeneration» der männlichen Arbeitskraft. (Wagenknecht 2005; vgl. Gramsci III: 529–533; Gramsci IX: 2086–2095) Dies war allerdings im Wesentlichen ein weißes Arrangement: Wagenknecht weist darauf hin, dass Schwarze Männer *und* Frauen sowie Migrant_innen in der Regel für schlechteren Lohn in besonders arbeitsintensiven Sektoren beschäftigt wurden.

Der Fordismus gründete in einem «Klassenkompromiss» zwischen «Großindustrie und Finanzkapital» auf der einen und «männlichen weißen Facharbeitern», vertreten durch starke

Gewerkschaften, auf der anderen Seite. Er wurde ebenso in Westeuropa zum vorherrschenden Modell und hier «von nationalen Wohlfahrtsstaaten verwaltet», die zugleich über die Einhaltung eines «von rigiden heterosexuellen Normen» bestimmten Geschlechterregimes wachten. Nancy Peter Wagenknecht führt es auf das fordistische Dispositiv zurück, dass sich auch der Widerstand von Feministinnen, Lesben und Schwulen gegen dieses Regime «Formen der Repräsentation gemeinsamer Interessen in relativ homogen angelegten Kollektivsubjekten» bediente. Deren Streiten gegen Patriarchat und Zwangsheterosexualität habe in den ‹westlichen› Ländern einen tiefgreifenden Wandel der Zivilgesellschaft bewirkt. (Wagenknecht 2005) Sieht man die Ergebnisse mit Antonio Gramsci «im Sinne von politischer und kultureller Hegemonie einer gesellschaftlichen Gruppe über die ganze Gesellschaft, als ethischer Inhalt des Staates» an (Gramsci IV: 729), bedeutet die ‹sexuelle Revolution› eine Flexibilisierung der Sitten, mit der die Umstellung auf flexiblere Formen der Kapitalvermehrung in den 1970er Jahren einherging, bis es schließlich zur neoliberalen Aufkündigung des Klassenkompromisses durch die Eigentümerseite kam.

Die sexualpolitischen Kämpfe trugen also «zum Untergang des Fordismus bei». Doch dies brachte «keine umfassende Befreiung, sondern eine widersprüchliche Verkettung von Freiheitsgewinnen mit neuen Hierarchien und Einschränkungen, die insgesamt nach einem neuen Muster der Unfreiheiten angeordnet sind», stellt Wagenknecht fest. Die gegenwärtige Produktionsweise propagiert zwar ‹Diversity›, wird aber «weiterhin von der heterosexuellen Matrix reguliert». Es herrscht eine «Form der Disziplinierung» vor, «die sich durch Selbst-Führung umsetzt und zu deren Instrumenten die alten, in liberaler Gleichheit überwunden geglaubten Hierarchien gehören, die unter der Oberfläche weiterbestehen und jederzeit gegen die Individuen in Anschlag gebracht werden können. Dadurch ist es möglich, ‹Differenz› (d.h. die Herkunft von einer unteren Stufe der alten hierarchischen Ordnung) als Ressource der Kreativität zu verwerten. Dem Subjekt ist sie der Quell seiner unnachahmlichen Individualität. Doch darf es in seiner Kritik an dieser Hierarchie nicht zu weit gehen – oder es wird durch ein anderes Subjekt ersetzt, das weniger Schwierigkeiten macht.» Zu diesen Bedingungen dürften heute einige weiße Schwule und Frauen und gelegentlich sogar Migrant_innen ‹aufsteigen›

– wobei Nancy Peter Wagenknecht hervorhebt, dass gerade Letztere und Trans* häufig ganz aus dem System herausfallen. (Wagenknecht 2005)

Antke Engel schlägt den Begriff der ‹projektiven Integration› vor, «um die Funktionsweisen neoliberaler Diversity-Politik kritisch betrachten zu können» (Engel 2009: 227). Gemeint ist damit «eine positive, wertschätzende Haltung zur Differenz […], die als kulturelles Kapital nutzbar erscheint und nicht mehr als das ‹ganz Andere› eines angeblich stabilen, autonomen Selbst angesehen wird» (ebd.: 42). Dadurch werde einerseits «die Verlässlichkeit des hegemonialen normativen Horizonts, auf den sich Assimilation und Multikulturalismus berufen, fragwürdig und die Norm selbst der Vervielfältigung ausgesetzt» (ebd.: 227). Andererseits würden heute «bestimmte Formen homosexueller und polymorpher Existenz […] als Vorbilder zivilgesellschaftlicher, konsumkapitalistischer Bürger_innenschaft figuriert werden». Die Autorin erkennt darin Anzeichen dafür, dass sich «ein neuer hegemonialer Konsens herausbildet, der eine klare Hetero/Homo-Opposition in Frage stellt und durch eine Allianz dominanzgesellschaftlicher und minderheitenpolitischer Zustimmung zum neoliberalen gesellschaftlichen Projekt ersetzt» (ebd.: 43).

Zwischen dem Einerseits und dem Andererseits will sich Engel in ihrem Buch mit philosophischen Reflexionen über populäre Bilder von *queer* und Ökonomie nicht entscheiden müssen. Für sie schließt die Möglichkeit, «queere kulturelle Politiken als Produkt neoliberaler Entwicklungen zu verstehen», nicht aus, dass sie «als Anfechtung des Neoliberalismus verfasst sein» könnten (ebd.: 19). Sie führt an, schon über Michel Foucault lasse sich sagen, dass er «die Durchsetzung neoliberaler Dynamiken vorwegnimmt – oder sie entgegen seinem kritischen Anspruch gar unterstützt». Denn er ersetzte «das mit der Repressionshypothese vertretene Verständnis bürgerlicher Sexualität als eines, das der Ökonomie des Mangels und den Prinzipien der Verknappung folge», durch ein «konsumistisches Bild […] der kontinuierlichen Produktivität und fortwährenden Anreizung», ähnlich der «spätkapitalistischen Logik permanenter Differenzproduktion». (Ebd.: 30)

Tatsächlich forcieren neoliberale Diskurse «eine Pluralisierung sexueller Subjektivitäten und Lebensformen […], weil damit eine Ideologie der freien Gestaltbarkeit des eigenen Lebens, inklusive Körper und Selbst, versinnbildlicht werden kann. Insofern diese Gestaltungsmacht als ‹Befreiung von repressiven Regulierungen› gepriesen wird, dient sie dazu, gesellschaftliche Verantwortung in Eigenverantwortung zu übersetzen und Zustimmung zum Leistungsprinzip sowie zum Abbau sozialstaatlicher Absicherungen schmackhaft zu machen». (Ebd.: 26) Zugleich weiß Antke Engel, dass diejenigen, «für die aufgrund rassistischer oder klassistischer Positionierungen eine Anrufung durch die ideologische Figur der Unabhängigkeit nicht greift, […] aus dem Repräsentationsraum verbannt» sind (ebd.: 92). Das bedeutet aber, dass trotz aller vorgeführten Diversity – genau wie von Wagenknecht vermutet – die Gesellschaft im Wesentlichen immer noch durch die alten Ungleichheiten strukturiert wird, aus denen sich die Positionierungen nach ‹Rasse›, Klasse und (auch daran hat sich nicht allzu viel geändert) Geschlecht ergeben. Die neuen Anrufungen belegen vor allem, dass weiße Queers – insbesondere weiße Schwule – aus der Mittelschicht inzwischen integraler Bestandteil der Dominanzgesellschaft sind, die sich insgesamt wirklich immer weniger als eine heterosexuelle gegen Homos abgrenzt, dafür jedoch umso mehr als eine weiße gegen People of Color. Engel ist sich, wohlgemerkt, des Problems sehr bewusst und zeigt in ihrem Buch mit zahlreichen Beispielen den in der mehrheitsdeutschen Homopolitik vorherrschenden Rassismus auf. Aber immer wieder stößt sie an die Grenzen dessen, was demgegenüber queere kulturelle Politiken ausrichten können, die «den fortwährenden politischen Dissens» als Selbstwert betrachtet (ebd.: 35).

Es sind die Grenzen der realen Herrschaftsverhältnisse, an denen z. B. hierzulande «im privaten, halbprivaten oder subkulturellen Raum» inszenierte ‹Umarbeitungen› – sei es in «SM-Szenarien oder Drag-Performances» – nichts ändern (ebd.: 94f). Daran scheitert auch das Konzept der ‹Durchquerung›. Es entstammt den in der deutschsprachigen Queer Theory viel zitierten Veröffentlichungen zum ‹sexuellen Arbeiten›, mit denen Pauline Boudry, Brigitta Kuster und Renate Lorenz «die jahrzehntelange feministische Kritik an unbezahlter Haus- und Beziehungsarbeit und geschlechtlicher Arbeitsteilung» aufnahmen und «nicht nur ein anderes Verständnis der Reproduktionsarbeit» forderten, sondern darlegten, dass Arbeitsverhältnisse «sehr grundlegend dadurch geprägt sind, dass dort gesellschaftliche Anforderungen der Weiblichkeit, Männlichkeit und Heterosexualität in Selbstverhältnisse und soziale Praxen umgesetzt werden». Mit den künstlerischen Mitteln der Performance soll «die nicht thematisierte sexuelle Arbeit ins Feld öffentlicher Sichtbarkeit» geholt werden. Antke Engel stellt sich nun vor, dass ein_e Schwarze_r Jugendliche_r «aus dem Internet-Café in Namibia» ein entsprechendes Bild online entdecken und es sich «aneignen und ein geteiltes Phantasieszenario ausarbeiten könnte. Das heißt allerdings noch lange nicht, dass sie_er damit in einer Machtposition wäre, von der aus die Projektionsleistung auch den sozio-politischen Effekt hätte, eine projektive Integration leisten zu können.» (Ebd.: 91f) So richtig diese Feststellung ist, fällt doch auf, dass die ‹Integration› hier offensichtlich ähnlich einseitig gedacht wird wie die von Mehrheits-Homos propagierte: Namibia soll etwas mit dem anfangen können, was sich weiße deutsche Queer-Theoretiker_innen ausgedacht haben. Aber warum eigentlich? Und warum nicht umgekehrt? Zu Recht erinnern queer People of Color daran, «dass auch die anti-assimilationistischen Strömungen sexueller Politik nicht jenseits des imperialistischen Projektes existieren und oft sogar aktiv an diesem teilnehmen» (Haritaworn/Tauqir/Erdem 2011: 65).

Indes scheinen nicht wenige queere ‹Dekonstruktionen› ihrerseits die universale Gültigkeit der weißen, mittelständischen Normen vorauszusetzen, gegen die sie sich wenden. Dabei können diese sogar innerhalb der ‹westlichen› Teilgesellschaften nur noch für verbindlich gelten, weil eine partikulare ‹Herrschaftskritik› andere Realitäten genauso konsequent ausblendet, wie diese von der Herrschaft selbst unterdrückt werden. So wiesen etwa die ‹Seiltänzerinnen› auf Angela Davis hin, die aus der Position eines Schwarzen Feminismus u. a. die Forderung nach ‹Lohn für Hausarbeit› kritisierte. Als Soziologin hatte Davis aufgezeigt, dass sich «die geschlechtsspezifische Arbeitsteilung […] in der Sklavengesellschaft» anders darstellte als für die weiße Frauenbewegung. Die «Feminisierung» Schwarzer Frauen war hier «über ihre Nützlichkeit bestimmt. Sie waren genderless in dem Moment, wo der Master sie für bestimmte Tätigkeiten einsetzte. Bei Vergewaltigung oder bei der Nutzung ihrer Gebärfähigkeit wurden sie als Frauen funktionalisiert.» Daraus ergaben sich ein «völlig anderes Familienbild und somit unterschiedliche Geschlechterbeziehungen» unter den Schwarzen (FeMigra 1994; vgl. Davis 1982 [1981]). In vergleichbarer

Weise hat das weiße schwule ‹Kollektivsubjekt› Männer, die Sex mit Männern haben, ohne darauf eine besondere ‹Persönlichkeit› aufzubauen, stets geringgeschätzt und (sub-) proletarische und/oder migrantische Lebensweisen, die das unkompliziert möglich machten, diffamiert.

Das Beispiel einer ‹Dekonstruktion›, die von der eigenen privilegierten Position absieht und Herrschaft stützt, bieten auch J.K. Gibson-Graham – zwei weiße Feminist_innen, die unter diesem gemeinsamen Namen 1996 das Buch *The End of Capitalism (as we knew it)* publizierten, das von Engel überwiegend positiv rezipiert wird. Obwohl es nicht ins Deutsche übersetzt wurde, dominieren seine Kernthesen die hiesigen Diskussionen über ‹queerfeministische Ökonomiekritik› (s. für eine ausführliche kritische Darstellung Sauter/Engel 2010). Demnach ist mit dem Kapitalismus, der zu Ende sein soll, nicht die Wirklichkeit gemeint, die vor allem marxistische Kritik – seit «das *Kapital* die Logik des Kapitals zerlegt (oder ‹dekonstruiert›)» hat (Amin 2012 [2010]: 117) – unter diesem Begriff kennt, sondern eben die kritische Erkenntnis. Denn so einen ‹Kapitalismus› gebe es gar nicht, er sei vielmehr, ähnlich «wie Judith Butler es für Geschlechtsidentität vorgeschlagen hat, […] als eine regulatorische Fiktion» zu begreifen. Dagegen wäre mindestens einzuwenden, dass wer mit ‹Geschlechtsidentität› argumentiert, gesellschaftlich bedingte Ungleichheit von Menschen für naturgegeben erklärt, während umgekehrt durch das «Konzept ‹Kapitalismus›» das Gesellschaftssystem erkennbar – und damit veränderbar – wird, das hinter der nur scheinbar in der ‹natürlichen› Ordnung gründenden Ungleichheit steckt. Doch statt um wirkliche Veränderung geht es hier um «Gegen-Narrative zum kapitalozentrischen Denken jenseits kapitalistischer Ausbeutungsverhältnisse». Und dazu fällt ‹queerfeministischen Ökonomiekritiker_innen› allen Ernstes «der männliche ‹Normalarbeiter›» ein, «der in seiner Freizeit fischen geht und in einem ökonomischen Austauschprozess mit seiner reproduktionsarbeitenden Ehefrau steht. Wir glauben, dass diese dekonstruktivistische Perspektive auf sexuelle und ökonomische Identitäten transformatorische Praxen voranbringen kann.» Gleichzeitig wird bekräftigt, «dass ökonomische Verwertungsinteressen nicht-normativen […] Identitäten nicht mehr per se entgegenstehen, sondern diese geradezu befördern». Gehöre doch «das Vorhandensein von schwulen Szenevierteln» zu den entscheidenden «Standortfaktoren, wenn es darum geht, die ‹kreative Klasse› in eine Stadt zu locken». (Ganz/Gerbig 2010)

Statt in die Sackgassen einer Verklärung der herrschenden Verhältnisse führt Nancy Peter Wagenknechts Analyse der Beziehung von *queer* und (neoliberalem) Kapitalismus weiter. Indem Foucaults Ansatz mit dem von Gramsci verknüpft wird, erreicht queertheoretische Subjektkritik eine Ebene, auf der sie tatsächlich politisch relevant werden könnte – erst recht, wenn auch von Althusser mehr als nur das Schlagwort der ‹Anrufung› in queere Überlegungen aufgenommen werden würde. Es ist die Ebene der *Gesellschaft* – mit Karl Marx verstanden als «die Gesamtheit aller Tätigkeiten der Produktion, des Austauschs und der Konsumtion». Deren «Wirkung, zusammengenommen», wird «von jedem einzelnen als etwas wahrgenommen […], das ihm von außen – als eine ‹natürliche› Eigenschaft der Dinge – gegenübertritt», während in Wahrheit erst «diese Gesamtheit von Tätigkeiten […] dann zugleich mit den vorzustellenden *Gegenständen* die gesellschaftlichen *Vorstellungen* […] über die Gegenstände hervor[bringt]». Wobei das ‹Subjekt› samt ‹seinen› Vorstellungen von der Welt selbst einer dieser Gegenstände ist. (Balibar 2013: 109f)

«Marx' Gespenster»

*N*ach dem Zusammenbruch der Sowjetunion lieferte der liberale Politologe Francis Fukuyama 1992 mit dem Titel seines Welt-Bestsellers *The End of History* das Schlagwort für die erneuerte Vorstellung von der «Vollendung der Geschichte in der bürgerlichen Gesellschaft. […] Seine simple Botschaft lautet[e]: Die Schlacht ist zu Ende, ab jetzt bleibt alles, wie es ist, und wie es ist, ist es gut.» (Seibert 2000: 85f) Wohl nur einem hartnäckigen Gerücht zufolge hielt der Philosoph Georg Wilhelm Friedrich Hegel, auf den sich Fukuyama beruft, diesen glückseligen Zustand bereits im Preußen des 19. Jahrhunderts für eingetreten, als er das Ganze der materiellen Lebensverhältnisse seiner Epoche «nach dem Vorgang der Engländer und Franzosen des 18. Jahrhunderts […] unter dem Namen ‹bürgerliche Gesellschaft›» zusammenfasste (MEW 13 [1859]: 8). Aber er konnte sich eine ‹letzte Synthese› vorstellen, in der die Widersprüche der Welt aufgehoben wären. Sein kritischer Schüler Karl Marx wiederum meinte, mit dieser «Gesellschaftsformation», auf deren Grund er den seiner Ansicht nach zur sozialen Revolution drängenden Antagonismus von Arbeit und Kapital freilegte, schließe «die Vorgeschichte der menschlichen Gesellschaft ab» (ebd.: 9).

Nach klassisch marxistischer Auffassung zeigt sich in der Geschichte der Menschheit eine «Dialektik von Produktivkräften und Produktionsverhältnissen» (Schleifstein 1972: 71). Letztere «bezeichnen ein ganzes System gesellschaftlicher, ökonomischer Beziehungen, insbesondere die Stellung der verschiedenen Gesellschaftsklassen im Produktionsprozess, die sich aus [...] den Eigentumsverhältnissen [...] ergibt» (ebd.: 70). Durch den «Kampf der Klassen, deren Interesse entweder mit dem Fortschritt der Produktivkräfte zusammenfällt oder ihm zuwiderläuft, wird – in der einen oder anderen Form, mehr oder weniger rasch – die Anpassung der Produktionsverhältnisse an das Niveau der Produktivkräfte vollzogen» (ebd.: 71). Der historische Materialismus unterschied so in seiner traditionellen Lesart – die es laut Marx und Lenin, dem Gründer der Sowjetunion, angeblich sogar erlaubte, «die Entwicklung der Gesellschaftsformationen als einen naturgeschichtlichen Prozeß darzustellen» (ebd.: 72) – die aufeinander folgenden Zeitalter der Urgemeinschaft, der Sklavenhaltergesellschaft, des Feudalismus und der ‹Kapitalismus› genannten bürgerlichen Gesellschaft. Diese sollte durch den Sozialismus/Kommunismus als fünfte und letzte Formation abgelöst werden (vgl. ebd.: 71). Denn gemäß der Marx'schen Analyse verschärft sich mit dem unter dem Kapitalismus forcierten technischen Fortschritt der Widerspruch zwischen dem gesellschaftlichen Charakter der Arbeit und dem Privateigentum an den Produktionsmitteln, durch das sich das Kapital in immer weniger Händen konzentriert. Die kapitalistischen Produktionsverhältnisse, die anfangs die Entwicklung der Produktivkräfte gefördert hätten, würden somit zu «Fesseln» derselben, die abgeworfen werden müssten (MEW 13 [1859]: 9). Doch der von Karl Marx anvisierte Epochenwechsel durch den Sieg der arbeitenden Menschen im Klassenkampf steht nach der Niederlage dessen, was Lenin angefangen hat, weiterhin aus.

Für viele ‹westliche› Linke begann stattdessen schon «im Anschluss an jene ‹fünf kurzen, leidenschaftlichen, frohlockenden, rätselhaften Jahre›, als die Michel Foucault die Zeit zwischen 1965 und 1970 bezeichnet», die Abkehr vom «Konzept Klasse, das in den Protestbewegungen der sechziger Jahre als zentrale Kategorie gesellschaftlicher Analyse vorübergehend neu belebt worden war. [...] In der Folge wenden sich neu entstehende politische bzw. Neue Soziale Bewegungen ‹single issues› zu, während die Theoriebildung eine dekonstruktive/postmoderne Wendung nimmt. Sowohl die politische Praxis (in Gestalt der verschiedenen Neuen Sozialen Bewegungen) als auch die (politische) Theorie vollziehen einen signifikanten ‹cultural turn›.» (Klinger/Knapp 2005) Und so schien sich, wie Georg Fülberth in seiner *Kleinen Geschichte des Kapitalismus* festhält, nach dem ‹globalen Siegeszug des Neoliberalismus› kaum noch irgendwo grundsätzlicher Widerstand gegen das System zu regen. Für die Neuen Sozialen Bewegungen, zu denen er u. a. die seit den 1970er Jahren «sich als neu bezeichnende Frauenbewegung» zählt, konstatiert er genauso wie für nationalistische Guerillas in verschiedenen Teilen der Welt oder eine «sich auf den Islam berufende Militanz»: «Keine dieser Bewegungen aber hatte eine Überwindung des Kapitalismus zum Ziel. Dies war eine in der Geschichte seiner industriellen Phase völlig neue Situation.» (Fülberth 2008: 294f)

Gegen den selbstzufriedenen «‹weichen Totalitarismus› der liberalen Demokratie» (Seibert 2000: 86), den Francis Fukuyama philosophisch zu rechtfertigen suchte, kam unerwarteter Einspruch – und zwar unter Berufung auf Marx – ausgerechnet von Jacques Derrida, einem prominenten Vertreter des ‹postmodernen› Denkens, das von ‹orthodoxen› Marxist_innen gern unter den pauschalen Verdacht gestellt wird, sich «dieser intellektuellen Gleichschaltung zu fügen» und der Anpassung an die bestehenden Verhältnisse Vorschub zu leisten. Namentlich gegen Derridas – für die Queer Theory so wichtige – «normative (Des-)Orientierung auf Prinzipien der ‹Unordnung oder des irreduziblen Durcheinanders›» wird von dieser Seite betont: «Ohne Verweis auf die Möglichkeit gesellschaftlicher Veränderung kann Kritik zur herrschaftskonformen Geste verkommen.» (Seppmann 2010; zur Bedeutung Derridas für die Queer Theory vgl. u. a. Woltersdorff 2003: 916f; Voß 2010: 24f) Doch es war Jacques Derrida, der sich 1993 – als dies am wenigsten opportun schien – gegen die im «Rhythmus des Gleichschritts» intonierte «alte Leier» wandte, dass Karl Marx und der Kommunismus «tot, ganz und gar tot» seien. Der Philosoph stellte in seinem Buch *Marx' Gespenster* fest: «Eine Dogmatik versucht, ihre weltweite Hegemonie zu errichten, unter paradoxen und verdächtigen Bedingungen.» Und er widersprach dem «heute in der Welt *herrschenden* Diskurs [...] über das Werk und das Denken von Karl Marx» (Derrida 2004 [1994]: 78; Hervorhebung im Orig.).

Dem Triumphgeschrei der Ideologen einer ‹neuen Weltordnung› setzte Derrida ein Bild von drängender Aktualität entgegen: «Marx ist *bei uns* immer noch ein Einwanderer, [...] noch immer illegal, wie er es sein ganzes Leben lang war» (ebd. 237f, Hervorhebung im Orig.). Jacques Derrida schrieb diese Zeilen in der Zeit der bis heute nicht ansatzweise ‹aufgearbeiteten› Pogrome, als überall im ‹wiedervereinigten› Deutschland People of Color ermordet wurden. Er erkannte die Verachtung, die der neue Diskurs für das hegte, was Fukuyama «ohne viel Aufhebens ‹die islamische Welt› nennt», und urteilte über eine entsprechende ausgrenzende Bemerkung des Politologen: «Sie läßt das Wasser erkennen, in dem dieser Diskurs seine Legierung aus Intoleranz und Verwirrung hart werden läßt» (ebd. 90). Angesichts der konkreten Umstände, unter denen sich vermeintlich die Geschichte in der bürgerlichen Gesellschaft vollendete, plädierte er leidenschaftlich dagegen, den unerwünschten Karl Marx «mit einem Aufenthaltsverbot zu belegen oder, was immer aufs selbe hinauszulaufen droht, ihn [...] zu assimilieren, damit man aufhören kann, sich mit ihm angst zu machen. Er gehört nicht zur Familie, aber deswegen sollte man ihn nicht an die Grenze zurückbringen, nicht noch einmal, nicht auch ihn.» (Ebd. 238)

Der Begründer der ‹Dekonstruktion› bekannte, diese Strategie der Subversion – des unablässigen Infragestellens aller Vorannahmen, die eine Überwindung von Herrschaft undenkbar erscheinen lassen, und der Destabilisierung der vermeintlich festen Begriffe, in denen sie sich manifestiert – habe für ihn «immer nur Sinn und Interesse gehabt als eine Radikalisierung, das heißt auch *in der Tradition* eines gewissen Marxismus» (ebd.: 130; Hervorhebung im Orig.). Er sprach von einem «Geist des Marxismus [...], auf den zu verzichten ich niemals bereit wäre», und meinte damit ausdrücklich «nicht nur die kritische Idee», vielmehr auch «eine gewisse emanzipatorische und *messianische* Affirmation, eine bestimmte Erfahrung des Versprechens» (ebd.: 126; Hervorhebung im Orig.). Das dekonstruktive

Denken, auf das es ihm ankomme, habe «immer an das Irreduzible der Affirmation und damit des Versprechens erinnert, wie auch an das Undekonstruierbare einer bestimmten Idee der Gerechtigkeit» (ebd.: 127). Seiner vielleicht missverständlichen ‹religiösen› Terminologie wie zum Trotz erklärte Derrida: «[A]lle Menschen auf der ganzen Erde sind heute in gewissem Maß die Erben Marx' und des Marxismus […,] eines Projekts – oder eines Versprechens – von philosophischer oder wissenschaftlicher Form» (ebd. 128). Und er orientierte praktisch-politisch auf den fortgesetzten Versuch, es zu verwirklichen. Denn «ein Versprechen muß versprechen, daß es gehalten wird, das heißt, es muß versprechen, nicht ‹spirituell› oder ‹abstrakt› zu bleiben, sondern Ereignisse zu zeitigen, neue Formen des Handelns, der Praxis, der Organisation usw.» (ebd. 126).

Durch Gayatri Chakravorty Spivaks kongeniale Übersetzung des sprachphilosophischen Hauptwerks von Jacques Derrida ins Englische war die Dekonstruktion einst international bekannt geworden. Mit seinem Buch über Karl Marx war die ‹altmodische Marxistin› aber nicht ganz zufrieden. Derrida habe «die zentralen Argumente über den industriellen Kapitalismus» im *Kapital* nicht berücksichtigt. «Marx' Aussage, dass der Arbeiter das Kapital produziert, weil er derjenige ist, der mit seiner Arbeitskraft für den Mehrwert verantwortlich zeichnet, ergänzt Spivak dahingehend, dass es die ‹Dritte Welt› ist, die nicht nur den Reichtum, sondern auch die Möglichkeiten der kulturellen Selbstrepräsentation des Nordens produziert.» (Castro Varela / Dhawan 2005: 65f)

Gayatri Chakravorty Spivak fokussiert in ihrer «Debatte mit Derrida über Marx […] insbesondere auf die Ausbeutung des weiblichen Körpers in der Dritten Welt, wo die subalternen Frauen den Erhalt der globalen Produktion sichern», und deckt in «diesen marxistischen Interventionen unter anderem die Ignoranz westlicher Theoriebildung bezüglich Rassismus und Sexismus auf» (Castro Varela / Dhawan 2005: 65). Das führt zur Frage der Verschränkung und Gleichzeitigkeit verschiedener Machtverhältnisse – auch wenn für Spivak das ökonomische Interesse grundlegend bleibt. Wie schon zitiert, schreibt sie in einem ihrer berühmtesten Aufsätze, dass die «epistemische Gewalt» des Imperialismus einen «früheren ökonomischen Text» ergänze (Spivak 1988: 283 [Übers. S. W. J.]).

Exkurs 2:
Karl Marx über den Kolonialismus

Marx zufolge repräsentierten die «Kämpfe des westlichen Proletariats für ökonomische Gleichheit und Emanzipation im 19. Jahrhundert [...] ein politisches Interesse der gesamten Menschheit, womit er offenkundig entrechtete Gruppen wie kolonisierte Subjekte nicht in seine Analysen einbezog». (Castro Varela / Dhawan 2005: 64) Entsprechend hat der ‹Traditionsmarxismus› häufig ignoriert, dass «die kolonialen Machtkonstellationen von rassistischen Strukturen durchzogen waren», und immer wieder «sahen sich antikoloniale Intellektuelle [...] vor die Herausforderung gestellt, die marxistische Vorstellung von Klassenkampf zu überdenken und zu erweitern». (Ebd.: 16)

Der Verfasser des *Kapital* hat Europa nur einmal verlassen: Im Frühjahr 1882, ein Jahr vor seinem Tod, besucht er die damalige französische Kolonie Algerien. Die Briefe, die er von dort an seine Töchter und an Friedrich Engels schreibt, geben ganze Absätze aus dem Vorläufer des *Guide Bleu* wortwörtlich wieder. Unmittelbar konfrontiert mit der Wirklichkeit eines nordafrikanischen Landes unter europäischer Herrschaft, entwickelt Marx, wie es der Schriftsteller Juan Goytisolo ausdrückt, eine «beinahe systematische Verweigerung der direkten Beobachtung, das Bedürfnis, sich auf Dokumentiertes zu stützen, um die persönliche Erfahrung zu erzählen». Er ordnet – ob «aus mangelndem Vertrauen in seine Beobachtungsgabe oder aus Faulheit oder weil seine Sympathie für den Gegenstand nicht allzu groß war – seine eigene Sicht der Dinge der Autorität eines abgesegneten Textes» unter: einem bei der Bourgeoisie der Kolonialmacht beliebten Reiseführer. (Goytisolo in Sievernich/Budde 1989: 127)

Jahrzehnte zuvor hatte Karl Marx gezeigt, dass er genauso wie die herrschende Klasse, die er bekämpfte, von einer europäischen Mission in der nicht-weißen Welt überzeugt war – auch wenn er davon ausging, dass sie letztlich andere Ergebnisse zeitigen würde als von den Vorkämpfern des Imperialismus geplant. In einer Artikelserie über die britische Kolonialherrschaft in Indien behauptete er, die dortige Gesellschaft habe «überhaupt keine Geschichte, zum mindesten keine bekannte Geschichte». In dem Land lebe ein «edler Menschenschlag», den die «Araber, Türken, Tataren, Moguln», die es «nacheinander überrannten», nicht hätten voranbringen können, «denn einem unabänderlichen Gesetz der Geschichte zufolge werden barbarische Eroberer selbst stets durch die höhere Zivilisation der Völker erobert, die sie sich unterwarfen. Die britischen Eroberer waren die ersten, die auf einer höheren Entwicklungsstufe standen und […] die einheimischen Gemeinwesen zerschlugen, das einheimische Gewerbe entwurzelten». Dafür jedoch ermöglichten sie es den Menschen in Indien, «sich völlig neuen Arbeitsmethoden anzupassen und die erforderliche Kenntnis der Maschinerie zu erwerben». Schaut man dann noch auf die Eisenbahn, «den elektrischen Telegraphen» und die «von britischen Unteroffizieren aufgestellte und gedrillte Eingeborenenarmee» – scheinen die «Selbstbefreiung» und womöglich der Sozialismus nicht mehr allzu fern. (MEW 9 [1853]: 220–226) Offensichtlich ist hier die Idee des Fortschritts zutiefst mit nicht reflektiertem Rassismus verwoben.

Ganz anders liest sich eine Darstellung gegen Ende von Band eins des *Kapital*, in der es heißt: «Das Vorspiel der Umwälzung, welche die Grundlage der kapitalistischen Produktionsweise schuf, ereignet sich im letzten Drittel des 15. und den ersten Dezennien des 16. Jahrhunderts.» (MEW 23 [1867]: 745f) Marx beschreibt dort im berühmten Kapitel über die ‹ursprüngliche Akkumulation› die brutale Gewalt, mit der das, was uns heute als ökonomische und kulturelle ‹Normalität› erscheint, durchgesetzt wurde: dass nämlich die ‹doppelt freien› Menschen – frei sowohl von Eigentum wie von offenem Zwang – «Verkäufer ihrer selbst» sein müssen (ebd.: 743). Wenn wir «die Anforderungen jener Produktionsweise als selbstverständliche Naturgesetze» (ebd.: 765) anerkennen, fügen wir uns demnach in die Ergebnisse einer Geschichte, die «in die Annalen der Menschheit eingeschrieben [ist] mit Zügen von Blut und Feuer» (ebd.: 743). Dabei bezeichnen die «Entdeckung der Gold- und Silberländer in Amerika, die Ausrottung, Versklavung und Vergrabung der eingebornen Bevölkerung in die Bergwerke, die beginnende Eroberung und Ausplünderung von Ostindien, die Verwandlung von Afrika in ein Geheg zur Handelsjagd auf Schwarzhäute [...] die Morgenröte der kapitalistischen Produktionsära» (ebd.: 779).

Karl Marx schildert die beispiellosen Gräueltaten der weißen Eroberer, stellt aber auch fest: «Überhaupt bedurfte die verhüllte Sklaverei der Lohnarbeiter in Europa zum Piedestal [Sockel] die Sklaverei sans phrase ‹ohne Hülle› in der neuen Welt» (ebd.: 787). Damit erkennt er im Kolonialismus eine *Voraussetzung* und nicht bloß, wie postkoloniale Kritik manchmal überstreng urteilt, eine «*Begleiterscheinung* des sich weltweit durchsetzenden Kapitalismus» (Castro Varela/Dhawan 2005: 16; Hervorhebung S. W.). Dennoch trifft zu, was bereits Rosa Luxemburg bemängelte: «Die angegebenen Prozesse illustrieren bei Marx nur die Genesis, die Geburtsstunde des Kapitals», für seine Analyse des Kapitalismus «in seiner vollen Reife» ignoriert er dagegen die fortbestehenden kolonialen Strukturen (Luxemburg 1975 [1913]: 313). Doch auch für Luxemburg kann von einer kapitalistischen Gesellschaft erst die Rede sein, wenn das Kapitalverhältnis allgemein geworden ist – also nicht «in den Kolonialländern», wo es «die seltsamsten Mischformen zwischen modernem Lohnsystem und primitiven Herrschaftsverhältnissen» gebe (ebd.: 312). Der Kapitalismus sei stets auf noch nicht restlos erschlossene Regionen, «auf die gleichzeitige Existenz nichtkapitalistischer Schichten und Gesellschaften angewiesen» (ebd.: 314) – wäre einmal die ganze Welt kapitalistisch, würde er zusammenbrechen (zur Kritik an Luxemburgs Imperialismus-Theorie s. Fülbert 2008: 308ff; Amin 2012 [2010]: 23f).

Diese Vorhersage hat sich nicht bestätigt. Marxistische Theoretiker_innen des «globalisierten Wertgesetzes» gehen davon aus, dass es heute *einen* weltweiten Kapitalismus mit einer «hierarchischen – und ihrerseits globalisierten – Strukturierung der Preise der Arbeitskraft» gibt (Amin 2012: 13). Nach Samir Amin beruht der gesellschaftliche Konsens in den Teilgesellschaften des globalen Nordens «auf Profiten aus imperialistischer Rente», das heißt aus der Überausbeutung der arbeitenden Menschen im Süden. «Die emanzipatorischen Kräfte in den Gesellschaften des Nordens sind insofern darauf angewiesen, dass die Nationen des Südens den imperialistischen Staaten in der Auseinandersetzung um die imperialistische Rente Niederlagen beibringen.» (Ebd.: 98f)

Intersektionalität oder ‹Betroffenheit› und Gesellschaftlichkeit

Aus gutem Grund betonte Angela Davis, als sie sich gegenüber einer deutschen Zeitschrift aus aktuellem Anlass zu Intersektionalität äußerte: «Zuallererst ist es wichtig, die Führungsposition derer zu respektieren, die betroffen sind.» (Dorn 2010) Die legendäre Black-Power-Aktivistin, Kommunistin und Feministin begrüßte es, dass Judith Butler die große Öffentlichkeit des Berliner CSD 2010 genutzt hatte, um sich von der Komplizenschaft mit Rassismus, die sie den tonangebenden Homo-Organisationen der Stadt vorwarf, zu distanzieren. «Sie hat es nicht nur abgelehnt, den Preis für Zivilcourage anzunehmen, sie hat auch gesagt, daß der Preis den *Queer People of Color*-Organisationen zusteht, die versuchen, integrative und intersektionale Strategien zu entwickeln, indem sie antirassistische Strategien [...] mit den Strategien kombinieren, die sich gegen Homophobie richten», hob Davis hervor und erinnerte in diesem Zusammenhang an die Position radikaler Women of Color in den USA der späten 1960er und frühen 1970er Jahre: «Wir argumentierten, daß ein Engagement im Kampf der Frauen unmöglich ist, ohne zu berücksichtigen, welche Rolle Rassismus spielt, welche Rolle Klasse spielt.» Heute sei es dort «sehr schwer, eine Person zu finden, männlich oder weiblich oder transgender, die sich als Feministin oder Feminist definiert und nicht erkennt, daß es nicht nur einfach um Gender geht, sondern auch um Klasse, ‹Rasse›, Behinderung, soziales Umfeld und weitere Themen.» (Dorn 2010, Hervorhebung im Orig.)

Angela Davis selbst hat mit ihrer Studie *Rassismus und Sexismus. Schwarze Frauen und Klassenkampf in den USA* dem Begriff Intersektionalität einen Inhalt gegeben, noch ehe er erfunden war (s. Davis 1982 [1981]). Der Originaltitel *Women, Race, and Class* ruft die drei Grundkategorien Gender, «Rasse» und Klasse auf, die in intersektionalen Ansätzen als miteinander verschränkt betrachtet werden. Leider wurde dieses Werk von der etablierten Fachwissenschaft hierzulande kaum zur Kenntnis genommen, die erst spät die Intersektionalität für sich entdeckt hat und nun seit etwa einem Jahrzehnt von dem ‹neuen Paradigma der Geschlechterforschung› spricht, dessen «theoretische und methodologische Implikationen über den feministischen Diskurs weit hinausweisen» (Klinger/Knapp 2005).

In hiesigen Überblicken zum Stichwort wird meist recht allgemein von den Ursprüngen im US-amerikanischen Black Feminism gesprochen und namentlich die Schwarze Juristin Kimberlé Crenshaw – die mit Angela Davis politisch zusammengearbeitet hat – erwähnt. Sie benutzte erstmals 1989 das Bild von der *intersection* (Straßenkreuzung), um auf das Problem einer Überschneidung verschiedener «*patterns of subordination*» (Strukturen von Unterordnung) aufmerksam zu machen, das einer Antidiskriminierungs-Gesetzgebung entgehen muss, in der einzelne «Kategorien [...] als sich gegenseitig ausschließende Konzepte gefasst werden» (nach Walgenbach 2007: 48, Hervorhebung im Orig.).

Crenshaw hat sich auf mehrere juristische Verfahren bezogen, und erst eine Zusammenschau ihrer Analysen zeigt ihr komplexes Verständnis von Intersektionalität (vgl. Walgenbach 2012). In einem dieser Fälle konnten Schwarze Arbeiterinnen, die von General Motors bei besseren Jobs übergangen wurden, dagegen weder rassistische noch sexistische Diskriminierung vor Gericht erfolgreich geltend machen, weil das Unternehmen nachwies, dass weiße Frauen und Schwarze Männer Aufstiegschancen hatten (vgl. Barskanmaz in GLADT 2009). Hier treffen zwei ‹Merkmale›, die jedes für sich als ‹Diskriminierungsgrund› – d. h. als eine für nicht legitim erachtete ‹Begründung› einer Ungleichbehandlung (vgl. Çetin 2012: 97) – durchaus erkannt sind, auf eine Gruppe von Personen zu, wirken zusammen und verstärken sich gegenseitig. Doch eine Logik, die solche Merkmale unabhängig voneinander oder sogar gegeneinander verhandelt, zerlegt diese Personen in getrennte Untersuchungsgegenstände – in diesem Fall mit dem Ergebnis, dass sie als Frauen nicht diskriminiert sein könnten, wo Frauen, und als Schwarze nicht, wo Schwarze ‹gleichbehandelt› werden. Der Gedankenoperation liegt als ‹unmarkierte Norm› der reale weiße Mann zugrunde, während sich aus den Hälften, die dabei jeweils leer ausgehen, die realen Schwarzen Frauen zusammensetzen. Oder konkreter, um bei dem Beispiel zu bleiben: die Schwarzen *Arbeiterinnen*. Denn eine weitere – strukturelle – Ungleichbehandlung ist zwar offensichtlich Voraussetzung der geschilderten Situation, kommt aber als ‹Diskriminierungsgrund› nicht zur Sprache: Es gibt die Menschen, die ihre Arbeitskraft in der Autofabrik verkaufen müssen, und jene, die vom Mehrwert leben, der in der Fabrik produziert wird. In einem anderen Prozess gegen General Motors, den Kimberlé Crenshaw betrachtete, wurde besonders deutlich, wie das bürgerliche ‹gleiche Recht für alle› dazu dienen kann, die Geschichte der Unterdrückung fortzuschreiben. Diesmal verloren die Schwarzen Arbeiterinnen, weil bei anstehenden Massenentlassungen in den 1970er Jahren allein die Dauer der Betriebszugehörigkeit darüber entschied, wer hinausflog und wer bleiben durfte – nicht berücksichtigt wurde folglich, dass die Firma noch im Jahrzehnt zuvor aufgrund der seinerzeit legalen ‹Rassentrennung› keine Schwarzen Frauen eingestellt hatte (vgl. Walgenbach 2012).

Die international hoch angesehene Juristin setzt mit ihren Untersuchungen zu den Lücken der Antidiskriminierungsgesetzgebung, die überhaupt erst durch Black Power erzwungen werden konnte, den politischen Kampf radikaler Schwarzer Feministinnen mit anderen Mitteln fort. Sie hält es für einen Fehler, angesichts des relativen Erfolgs der Bürgerrechtsbewegung aufständische Gruppierungen wie die *Black Panthers* gegenüber reformorientierten geringzuschätzen, denn letzten Endes würden jene den Nutzen aus dem Aufstand dieser ziehen (Crenshaw 1995 [1988]: 121). Umgekehrt verteidigt sie ihre Entscheidung, die Auseinandersetzung innerhalb der rechtsstaatlichen Instanzen zu führen, gegen den Vorwurf, damit Illusionen über einen rassistisch und sexistisch verfassten kapitalistischen Staat zu nähren, unter Berufung auf Antonio Gramsci. Der empfahl Kommunist_innen aufgrund seiner Analyse der Bedeutung der Zivilgesellschaft im ‹Westen› den «*Übergang vom Bewegungskrieg (und vom Frontalangriff) zum Stellungskrieg auch im Feld der Politik*» (Gramsci IV: 816; Hervorhebung im Orig.). Crenshaw schließt sich seiner Ansicht an: Gerade weil die Ideologie in dieser Gesellschaft eine zu große Rolle spielt, als dass der direkte Angriff auf die Herrschaft unmittelbar erfolgreich sein könnte, ist es nötig, sich innerhalb der ideologischen Apparate zu bewegen und ihre Möglichkeiten zu erweitern, um so allmählich «eine Gegen-Hegemonie zu schaffen» (Crenshaw 1995 [1988]: 119 [Übers. S. W.]).

Gegen die Gefahr, auf diesem mühsamen Weg irgendwann selbst der Ideologie anheimzufallen, hilft – die Dekonstruktion. Kimberlé Crenshaw erinnert mit Derrida daran, dass die Grundlage ‹westlichen› Denkens das ständige Bilden von Gegensatzpaaren ist, wobei das jeweils ‹Andere› zugleich als das Minderwertige konstruiert wird (ebd.: 113). So funktionieren, wie wir sahen, Rassismus und Sexismus, so funktioniert Orientalismus, und genau so funktioniert auch die Homophobie, die «mit dem identitären Homo/Hetero-Binarismus untrennbar verbunden und auf dessen Basis unaufhebbar» ist (Klauda 2008: 26). Nur wer stets im Auge behält, dass keine dieser Dichotomien ‹naturgegeben› und unveränderlich ist, kann zugleich «den aktuellen Bedürfnissen von Menschen Rechnung tragen (dabei auch wirksam gegen aktuell stattfindende Benachteiligungen und Gewalt vorgehen) und […] am Ziel einer künftigen besseren Gesellschaft festhalten» (Voß 2011: 15). Mittlerweile stößt die Tendenz, «in den deutschsprachigen Gender Studies […] die Arbeiten von Crenshaw auf die Metapher der Straßenkreuzung zu reduzieren», auch auf Widerspruch, besonders mit Blick auf die damit einhergehende «entpolitisierende Entkoppelung von Intersectionality aus seinen [sic] Entstehungskontexten» (Walgenbach 2012).

Kimberlé Crenshaws Arbeit hat heute großen Einfluss auf die Debatten über international verbindliche Antidiskriminierungs-Richtlinien, wie der Rechtswissenschaftler Cengiz Barskanmaz darstellt (Barskanmaz in GLADT 2009). Die Bundesrepublik ist im Vergleich deutlich zurückgeblieben: Das erst 2006 in Kraft getretene ‹Allgemeine Gleichbehandlungsgesetz› nennt nur sechs von 13 nach der EU-Charta verbotenen Diskriminierungsgründen – «schicht- und klassenspezifische Diskriminierung fallen nicht darunter» (Çetin 2011: 105). Dabei ist diese hier zugleich strukturell rassistisch, insofern Migrant_innen von der deutschen Wirtschaft und der herrschenden Politik jahrzehntelang «als *ArbeiterInnen minderen Rechts* konzipiert» wurden (Ha 2012 [2003]: 70; Hervorhebung im Orig.) und deshalb mitunter seit Generationen einer staatlich forcierten «Unterschichtung und Marginalisierung» ausgesetzt sind (vgl. ebd. 72).

«Die gesellschaftliche Durchsetzungsmacht in den Blick nehmen»

Koray Yılmaz-Günay spricht in Anlehnung an die Studien des Bielefelder Instituts für interdisziplinäre Konflikt- und Gewaltforschung von ‹gruppenbezogener Menschenfeindlichkeit›, die sich unterschiedlich auspräge. Doch sei es weder theoretisch noch praktisch sinnvoll, einzelne Ideologeme, «die nicht nur eine Andersartigkeit, sondern auch eine Anderswertigkeit bestimmter Lebensweisen behaupten», getrennt voneinander zu betrachten. So gebe es beispielsweise zwischen «der Konstruktion von Geschlechtern innerhalb der gegebenen Gesellschaft und der fehlenden Akzeptanz gleichgeschlechtlicher Lebensweisen [...] sowohl analytisch als auch im Sinne einer gelingenden Prävention einen unübersehbaren Zusammenhang», weshalb es «de facto nicht möglich» sei, «Homophobie losgelöst von Sexismus und Transphobie» anzugehen. Ebenso sei angesichts «einer in weiten Teilen ethnisierenden und religiösisierenden Debatte über Homophobie [...] unbedingt ein Zusammendenken und Zusammenhandeln im Bezug auf Anti-Rassismus und Anti-Homophobie geboten». Dabei gelte es, «um auf einer gesellschaftlichen Ebene von Diskriminierung und Gewalt sprechen zu können», neben der Bildung von (dichotomen) Großgruppen wie «Deutsche – Nichtdeutsche, Männer – Frauen, Heterosexuelle – Homosexuelle», die nach ihnen jeweils zugeschriebenen bestimmten Eigenschaften hierarchisiert werden, die «gesellschaftliche Durchsetzungsmacht» in den Blick zu nehmen. «Um gesellschaftlich wirkungsmächtig zu werden, brauchen Vorurteile eine machtvolle Trägerschicht bzw. Institutionen, die jenseits persönlicher Einstellungen und Verhaltensweisen Gruppen und Fakten schaffen», sagt Yılmaz-Günay und nennt als Beispiele «die Erstellung von Curricula, Publikationen, wissenschaftliche Forschung, politische, gewerkschaftliche etc. Repräsentation, das Erlassen von Gesetzen und Ausführungsvorschriften, die Entscheidung über staatliche und nicht-staatliche Zuwendungen, Personal- und Personalentwicklungspolitik etc.». Im Übrigen sei es «irrelevant, ob die Trägerschicht zahlenmäßig eine Mehr- oder eine Minderheit darstellt. Entscheidend ist eine machtvolle Position, die eine gesellschaftliche Durchsetzung ermöglicht.» (Yılmaz-Günay 2011a)

Doch die zunehmende Globalisierung der Zivilgesellschaft ermöglicht es nicht nur, die Ergebnisse von Kämpfen, die unterdrückte Gruppen in einem bestimmten Land erfolgreich bestanden haben, auch woanders einzufordern – solche Gruppen vermögen es gelegentlich, ihre Position in noch andauernden Auseinandersetzungen mit Hilfe überstaatlicher Institutionen zu stärken. So konnte durch die Intervention von UN-Ausschüssen erreicht werden, in der Bundesrepublik die geschlechtszuweisenden Eingriffe gegen intergeschlechtliche Minderjährige zu problematisieren (vgl. Voß 2012: 20). Hingegen steht noch aus, dass das internationale Übereinkommen, mit dem Homosexualität 1991 aus dem Katalog der Krankheiten gestrichen wurde (vgl. Voß 2013: 67f), auch dazu führt, ihr keine Sonderrolle mehr im deutschen Recht zuzuschreiben und Menschen nicht mehr entlang ihrer sexuellen Handlungen zu klassifizieren. In diesem Sinn wäre es ebenfalls zu begrüßen, wenn sich hierzulande die «Politik internationaler Gesundheitsorganisationen, die für ihre globale Aufklärungsarbeit in Sachen Aids mittlerweile bewusst auf den Begriff *gays* verzichten und stattdessen die neutrale Formulierung *men who have sex with men* (MSM) gebrauchen», durchsetzen würde. Dem steht leider noch entgegen, dass eine einflussreiche mehrheitsschwule Lobby «die Formierung einer ‹selbstbewussten› homosexuellen Identität selbst als Teil eines von westlicher Seite voranzutreibenden Emanzipationsprozesses begreift». (Klauda 2008: 133)

Butler bezog sich auf derartige Vorstellungen, als sie 2010 sagte, um den Kampf gegen Homophobie mit dem Kampf gegen Rassismus zu verbinden, genüge es nicht, «Gruppen wie GLADT […] und LesMigraS aktiv ein[zu]binden. Es bedeutet auch, sich genau an diesen Gruppen zu orientieren, wie ein Kampf gegen Homophobie aussehen kann, ohne rassistische Stereotype und Politik gegen MigrantInnen zu unterstützen. Wenn das der Bewegung nicht gelingt, dann fällt sie dem Nationalismus und dem europäischen Rassismus anheim und unterstützt letztlich sogar Begründungen, die Kriege legitimieren.» (Hamann 2010)

In der Bundesrepublik begannen sich seit den 1970er/1980er Jahren – etwa zeitgleich zu Jüdinnen, die Einspruch gegen antisemitische Elemente im ‹anti-patriarchalen› Diskurs erhoben – Schwarze Frauen kritisch-theoretisch vom Mainstream des deutschsprachigen Feminismus abzusetzen (vgl. Oguntoye et al. 1986). Sie beschrieben «Rassismus und Sexismus als ineinandergreifende und simultan wirkende gewaltvolle Formen der Unterdrückung und Diskriminierung» (Erel u.a. 2007: 241). Mit diesen Beiträgen, die von den mehrheitsdeutschen Frauen «lange nicht ernst genommen» wurden (Walgenbach 2012), begann die intersektionale Theoriebildung hierzulande. Bald folgten die ersten, stets in einem konkreten politischen Kontext situierten wissenschaftlichen Interventionen von Migrantinnen. So beleuchtete Gülşen Aktaş in ihrem Aufsatz *Türkische Frauen sind wie ein Schatten*, welche Rolle der Aufenthaltsstatus bei deren Gewalterfahrung spielt, und konnte damit wesentliche Verbesserungen für die Frauenhäuser erreichen (Aktaş 1993).

Doch die akademischen Institutionen der BRD haben sich viele Jahre lang nicht nur gegen die Denkanstöße von People of Color vor Ort überwiegend verschlossen – sie taten auch die US-amerikanische Debatte um die Zusammenhänge und Wechselwirkungen von *gender*, *class* und *race* lange als hierzulande irrelevant ab. So wurde und wird gelegentlich heute noch angeführt, das englische Wort *class* bezeichne eher einen gesellschaftlichen ‹Status›, als dass es dem deutschen ‹Klassenbegriff› entspreche (vgl. Beceren 2008: 25) – was angesichts der Tatsache, dass sich die wichtigsten US-amerikanischen Intersektionalitäts-Theoretikerinnen explizit auf marxistische Konzepte beziehen, wenig stichhaltig ist. Wo hingegen hierzulande der Begriff *race* unter Hinweis auf den deutschen Faschismus für tabu erklärt wird (vgl. ebd.: 26 u. 35f), antwortete schon Theodor W. Adorno: «Das vornehme Wort ‹Kultur› tritt anstelle des verpönten Ausdrucks Rasse, bleibt aber bloßes Deckbild für den brutalen Herrschaftsanspruch» (zitiert nach ebd.: 26f). Als Erklärung für die zögerliche Rezeption von Intersektionalität im Hochschulbereich am überzeugendsten erscheinen deshalb die Hinweise, dass sich der allgemein zurückgesetzte Status von People of Color in Deutschland auch in ihrem geringen Einfluss auf die einst von Max Weber so genannten ‹Wirklichkeitswissenschaften› zeigt (vgl. ebd.: 34).

Die OECD legte Anfang Dezember 2012 ihren ‹ersten internationalen Integrationsreport› vor. In einer Analyse der Bundeszentrale für politische Bildung hieß es dazu: «Wie schon bei PISA 2000 sind die Leistungsdifferenzen der Migrantenkinder […] vor allem ein Abbild der sozialen Selektivität des deutschen

Schulsystems.» (Rebeggiani 2012; vgl. Voß 2011: 19f, 45f) Belegt wurde in der Studie auch, dass in der BRD «die – zahlenmäßig ohnehin wenigen – hochqualifizierten Zuwandererkinder ihren Vorteil nicht auf dem Arbeitsmarkt umsetzen» können. Ihre Beschäftigungsquote liege «unter der von hochqualifizierten Deutschen ohne Migrationshintergrund. Außerdem gehen sie häufiger als Deutsche ohne Migrationshintergrund einer Arbeit nach, für die sie überqualifiziert sind». Zudem sind «in fast keinem anderen OECD-Land [...] die Nachkommen der Einwanderer im öffentlichen Dienst so unterrepräsentiert wie hierzulande» (Rebeggiani 2012). Vor dem Hintergrund solcher Zugangsbedingungen wirkt es nahezu zynisch, wenn weiße deutsche Sozialwissenschaftler_innen ihren privilegierten Blick aus dem geschützten Raum Universität zur kritisch-theoretischen «Außenperspektive auf ein Ganzes» verklären, die allein es erlaube, dass «die Phänomene von Ungerechtigkeit und Ungleichheit als Merkmale der Gesellschaftsstruktur wahrgenommen werden» könnten (Klinger/Knapp 2005).

Zwar hält es die Soziologin Cornelia Klinger zu Recht für «sinnlos, auf die sich überlagernden oder durchkreuzenden Aspekte von Klasse, Rasse und Geschlecht in den individuellen Erfahrungswelten hinzuweisen, ohne angeben zu können, wie und wodurch Klasse, Rasse und Geschlecht als gesellschaftliche Kategorien konstituiert sind» (Klinger 2003:25). Aber dem widerspricht es gerade nicht, detailliert zu untersuchen, «wie die Individuen durch ihre Zugehörigkeit zu einem Geschlecht, einer Klasse oder Ethnie ‹betroffen› sind, welche Erfahrungen sie damit machen» (Klinger/Knapp 2005). Vor allem dann nicht, wenn dies die ‹Betroffenen› selbst tun. Umut Erel, Jin Haritaworn, Encarnación Gutiérrez Rodríguez und Christian Klesse haben sich in einer pointierten Kritik der Intersektionalitätsbeschäftigung im deutschen akademischen Establishment gegen die abstrakte Betrachtung kategorialer Verschränkungen gewandt und forderten, «eine textuelle Analyse immer auch in eine Analyse der materiellen Bedingungen einzubinden». Untersuchungen, die von spezifischer Erfahrung von Unterdrückung absehen – und deshalb beispielsweise nichts über die Kategorie ‹Klasse› zu sagen haben – sind nicht nur unnütz, sondern womöglich «sogar gefährlich [...], indem sie eine Beliebigkeit sozialer Unterschiede postulieren, die sehr gut gegen eine emanzipatorische Wissensproduktion verwendet werden kann» (Erel u. a. 2007: 245f).

Im Gegensatz dazu werteten Sozialwissenschaftler_innen of Color eingehende Gespräche, die sie mit ‹Betroffenen› geführt hatten, systematisch aus und konnten so erfahrungsgesättigte intersektionale Analysen der gegenwärtigen Gesellschaft vorlegen, wie sie zur Kursbestimmung emanzipatorischer Politik unerlässlich sind – Beispiele sind Meryem Ertops Arbeit über geschlechtsspezifische Gewalt und strukturelle Ausgrenzung (Ertop 2008) und Zülfukar Çetins fulminante Studie *Homophobie und Islamophobie* über binationale schwule Paare in Berlin (Çetin 2012).

Kimberlé Crenshaw definierte Intersektionalität als «Verknüpfung von zeitgenössischer Politik und postmoderner Theorie» (Crenshaw 1995 [1991]: 378). Hierzulande ist ihr Konzept vor allem von queer People of Color aufgegriffen und weiterentwickelt worden. In der BRD sozialisierte P.o.C. wie Fatima El-Tayeb, Encarnación Gutiérrez Rodríguez und Jin Haritaworn, die zu den international meistdiskutierten Theoretiker_innen im Querschnittsbereich von *queer*, postkolonialer Theorie und Intersektionalität gehören, lehren an renommierten britischen und nodamerikanischen Hochschulen. Die transnationale und transkontinentale Vernetzung wurde zum Vorteil der hiesigen queer People of Color in ihren lokalen Kämpfen, stärkte sie in der nötigen theoretischen Kompetenz und trug so dazu bei, dass sie in den Zusammenschlüssen von P.o.C. insgesamt Einfluss gewinnen und deren politische Ausrichtung im Sinn einer gesellschaftlichen Orientierung mit prägen konnten. Seit Jin Haritaworn und Koray Yılmaz-Günay 2003 «queere migrantische, jüdische oder Leute of color» dazu aufriefen, «Netzwerke zu bilden und Handlungswege zur Bekämpfung von Unterdrückung zu erkunden» (vgl. Exkurs 1), sind Erfahrungen aus dem queermigrantischen Widerstand gegen eine übermächtig scheinende Ideologie, die unablässig Rassismus und Sexismus reproduziert und so den Kapitalismus am Leben hält, gebündelt und für People of Color weit über den ursprünglich angesprochenen Kreis hinaus nutzbar geworden.

Niemand hält ‹uns› davon ab, ebenfalls von den queer People of Color zu lernen.

2 Die Entwicklung des Kapitalismus und die Deklassierung von einzelnen und Gruppen von Menschen

Von Heinz-Jürgen Voß

Globaler Kapitalismus

*B*evor im Folgenden Fragen zu Geschlecht und Sexualität in ihrer historischen Entwicklung unter kapitalistischen gesellschaftlichen Verhältnissen betrachtet werden, soll hier noch einmal definiert werden, was Kapitalismus bedeutet – und dass *der Kapitalismus, wie er hegemonial wurde*, als globales System zu untersuchen ist. Grundbedingung für kapitalistisches Wirtschaften – ob zunächst regional begrenzt oder später als globales System – ist «das Vorhandensein größerer Massen von Kapital und Arbeitskraft in den Händen von Warenproduzenten», wie es in Karl Marx' *Kapital* im Kapitel zur ursprünglichen Akkumulation heißt (MEW 23: 741). Der Kapitalist kann sich in den *Besitz von Arbeitskraft* bringen, indem er Menschen dazu zwingt, produzierte Waren abzugeben, oder sie auf andere Weise dazu bewegt, ihm diese so zu überlassen, *dass er bei Weitergabe der Waren an Käufer noch einen Gewinn erzielt* – ungleicher Tausch mit denjenigen, die die Waren erzeugen, ist also unabdingbar. Den erzielten Gewinn wiederum setzt der Kapitalist so ein, dass er damit mehr Arbeitskraft bzw. Produkte einkaufen und später einen höheren Gewinn erzielen kann. Historisch ließ sich das insbesondere dadurch realisieren, dass die Arbeitskraft von Menschen in ländlichen Regionen angeeignet und die Waren an entfernt liegenden städtischen Handelsplätzen veräußert wurden. Entsprechende Bedingungen weisen zum Beispiel Regionen Chinas im 16. Jahrhundert auf, wo der Küstenstreifen zunehmend vom Fernhandel profitiert und einige Menschen dort wohlhabender werden, während das Landesinnere zurücksteht (vgl. Braudel 1986a: 653f).

Lokale Ausprägungen kapitalistischen Wirtschaftens zeigen sich im 14. und 15. Jahrhundert weltweit – in Japan, Indien und Arabien und in einzelnen Städten Europas wie Venedig, Florenz, Genua, Antwerpen und Augsburg. Allerdings werden sie in der Zeit in keiner der Regionen hegemonial (vgl. zur Frage der Datierung: MEW 23: 743; Braudel 1986b: 57). Kapitalismus war hier «als Teilsystem schon weit entwickelt, wurde aber niemals eine Produktionsweise, die in den jeweiligen Gesellschaften herrschte» (Fülberth 2008: 116). Die Kaufleute, die kapitalistisch wirtschaften, bleiben zum Teil politisch-sozial (vgl. Braudel 1986a: 645—654) oder durch moralische Vorstellungen (vgl. Wallerstein 1984: 11) beschränkt, die ihrem Tun entgegenstehen. Der Prozess kapitalistischen Wirtschaftens wurde bis zu einem bestimmten historischen Zeitpunkt stets an irgendeiner Stelle gestört.

In Europa bildeten zeitlich wechselhaft zunächst verschiedene Städte die Zentren kapitalistischen Wirtschaftens, die von Handelsbeziehungen zu Arabien und Indien profitierten. Seit Beginn des 15. Jahrhunderts – und schließlich zentral dafür, dass kapitalistisches Wirtschaften ausgehend von Europa hegemonial werden konnte – wurden sie von der Durchsetzung der Kolonialherrschaft begünstigt. *Erst die Kolonialherrschaft ermöglichte es, dass in großem Umfang die Arbeitskraft von Menschen angeeignet und Güter und Menschen gehandelt werden konnten.* Der europäische Kolonialismus unterschied sich von vorherigen Tributsystemen: Während sich in Letzteren das Interesse der gewaltsam Eingedrungenen in der Regel darauf richtete, lokale Wirtschaften zu erhalten, um dauerhaft Tributzahlungen abpressen zu können, brachte die europäische Kolonialherrschaft eine zerstörerische Ausplünderung der kolonisierten Gegenden mit sich (vgl. Brentjes 1963: 209f; Mamozai 1989 [1982]: u. a. 39—58; Opitz [Ayim] 1997 [1986]: 29ff). Die Anthropologin und Aktivistin der Amsterdamer Gruppe Schwarzer lesbischer Frauen *Sister Outsider* Gloria Wekker fasst die Entwicklung aufschlussreich und präzise für die Niederlande zusammen:

Überfliegt man die Geschichte der «niederen Lande am Meer», so kann man feststellen, dass die sehr unternehmungsfreudige Bevölkerung seit dem 15. Jahrhundert in alle Himmelsrichtungen ausschwärmte, um Absatzgebiete für den Handel ausfindig zu machen, Sklaven aus Westafrika in die Neue Welt zu verschiffen, Reichtümer andernorts zu plündern und davon die Grachtengebäude, die Amsterdam heute noch zieren, bauen zu lassen. Kaffee, Kakao, Gummi, Diamanten, Zucker, Baumwolle, Pfeffer, Holz, Gewürze: Vermögen hat dies alles eingebracht auf den Amsterdamer Märkten. Im 17. Jahrhundert erreichte die Republik der Sieben Vereinigten Niederlande ein Wohlstandsniveau, das es zum reichsten Land der Welt machte und noch heute gehören die Niederlanden zu den reichsten Ländern der Welt.

Eine entscheidende Rolle hat dabei die Handelsflotte gespielt. Die Vereinigte Ostindische Kompanie herrschte über die Weltmeere, vom Kap der guten Hoffnung bis nach Japan und ihr Schwesterunternehmen, die Westindische Kompanie, hatte das Sagen über das Gebiet, welches später als «The Middle Passage» bezeichnet wurde. Die Handelsflotte und die Einwanderer ermächtigten sich im Rahmen der Expansion des niederländischen Reiches der Überseegebiete als billige Produzenten wichtiger Rohstoffe und als Absatzgebiete für in Europa produzierte Waren. [...] (Wekker 2012: 142f)

Die Bedeutung der Kolonisierung der Welt ist in aktuellen Reflexionen des globalen Nordens unterschätzt – auch etwa für Geschlechter- und sexuelle Verhältnisse. Noch immer ist es üblich, die Durchsetzung des Kapitalismus lokal begrenzt für Europa zu betrachten. Damit wird sowohl die ursächliche Ausgangsbasis für den globalen Kapitalismus vernachlässigt als auch vernebelt, wie der globale Norden von der Arbeit der Menschen des globalen Südens profitiert und wie beides unlösbar miteinander zusammenhängt. Samir Amin (2012 [2010]) und Gayatri Chakravorty Spivak (2011 [2008]), zwei bedeutende marxistische Theroretiker_innen des globalen Südens, machen auf diesen Zusammenhang aufmerksam, ohne den sich Geschlechter- und sexuelle Verhältnisse sowohl im globalen Norden als auch im globalen Süden nicht adäquat verstehen lassen. Aber auch im deutschsprachigen Raum liegen bereits seit den frühen 1980er Jahren sehr gute globale Analysen vor, verfasst insbesondere von Schwarzen Frauen und Frauen of Color, die in die weiße Frauen-/Lesbenbewegung intervenierten. Damit sind dort Diskussionen über nationalistische und rassistische Ausschlüsse in Gang gekommen, die in der weißen deutschen Schwulenbewegung und insgesamt unter weißen Männern in der Bundesrepublik bis heute noch nicht einmal ansatzweise problematisiert werden. Martha Mamozai (1989 [1982]) und Katharina Oguntoye et al. (1997 [1986]) blicken ausgehend von der deutschen Kolonialgeschichte – und der Beteiligung weißer deutscher Frauen an ihr – auf die kapitalistischen gesellschaftlichen Verhältnisse. Neval Gültekin eröffnet den Band *Sind wir uns denn so fremd?* (1985) wie folgt:

Die Weltbevölkerung besteht mehr als zur Hälfte aus Frauen. Frauen gestalten fast zwei Drittel der insgesamt erarbeiteten Stunden in der Welt mit ihrer Arbeitskraft. Obwohl wir Frauen weit mehr als die Hälfte der Arbeit verrichten, beziehen wir nur ein Zehntel des Welteinkommens und besitzen weniger als ein Hundertstel des Besitzes im Weltmaßstab! [...]

Aber die bessere ökonomische und gesellschaftliche Stellung der Frauen in den westlichen Industriestaaten ist nur möglich, weil die andere Hälfte der Weltbevölkerung, Frauen wie Männer, einer totalen Ausbeutung und Unterdrückung unterworfen ist. Frauen in Europa, Japan und in den USA sind Nutznießerinnen dieser Ausbeutung. Sie leben mit auf Kosten der restlichen, vor allem aber der weiblichen Weltbevölkerung. (Gültekin 1985: 5)

Marxistische Positionen vom Kopf auf die Füße stellen

«Marx ist grenzenlos» – so Samir Amin. Er bricht deutlich mit der Vorstellung, die noch das Marx'sche Werk prägte, dass es gesellschaftlich um eine stete Höherentwicklung gehe und dass, sei erst einmal die kapitalistische Stufe erreicht, sich auch schon ihre Überwindung abzeichne. Amin wendet sich klar gegen die auch bei Marx zu findende Fokussierung auf das kapitalistische Zentrum, den globalen Norden. Vielmehr regt er dazu an, Kapitalismus genau so zu verstehen, wie er sich historisch herausgebildet hat und wie er heute ist: Es handelt sich um *einen globalen Kapitalismus*. Der globale Norden und der globale Süden hängen unauflöslich miteinander zusammen. Der globale Norden, das kapitalistische Zentrum, lebt auf Kosten des globalen Südens, der Peripherie. Erst durch den Kolonialismus konnte sich der Norden zum Zentrum aufschwingen und wurde der Süden zur Peripherie herabgedrückt.

Mit «Marx ist grenzenlos» verbindet Samir Amin somit gerade keine Abkehr von der marxistischen Analyse. Vielmehr macht er für das Werk von Marx klar: «Sein Werk ist keine abgeschlossene Theorie. Marx ist *grenzenlos*, weil die von ihm initiierte radikale Kritik ihrerseits grenzenlos und immer unvollständig ist. Sie muss permanent Gegenstand ihrer eigenen Kritik sein (der Marxismus, wie er zu einem bestimmten Zeitpunkt formuliert wurde, muss also einer marxistischen Kritik unterworfen werden), sich unaufhörlich durch radikale Kritik selbst bereichern und alle realen Neuentwicklungen als neue Wissensgebiete begreifen.» (Amin 2012 [2010]: 11) Nimmt sich der globale Norden zu wichtig, werden etwa Geschlechter- und Sexualitätsverhältnisse immer nur im abgegrenzten Kontext untersucht, bleibt die Analyse zurück, bleibt Marxismus zahnlos. Ohne die Weiterentwicklung marxistischer Theorie – auch und insbesondere aus Sicht des globalen Südens – gerät aus dem Blick, wie Weiße im Norden von der Arbeit der Menschen im Süden, insbesondere der Frauen, profitieren. Ebenso wenig wird klar, wie sexuelle Stereotype und Phantasien des globalen Nordens noch immer auf der Basis der Kolonialisierung des globalen Südens und auf dem Rücken der Schwarzen Menschen und People of Color funktionieren, die wahlweise als sexuell besonders begehrenswert oder als bedrohlich konstruiert werden – oder sogar beides zusammen.

Es ist also eine Veränderung der Perspektive nötig, so dass marxistische Kritik vom Kopf auf die Füße gestellt wird. Es ist notwendig zu verstehen, wie die Arbeit der Menschen, als Arbeitskraft angeeignet und ausgebeutet von Kapitalisten, zum Reichtum von wenigen und der Armut von vielen führt. Das Extrem der Armut wird dabei im globalen Süden erzeugt, wo mindestens um den Faktor Zehn die Arbeitskraft billiger eingekauft wird, als es mit der Arbeitskraft im globalen Norden geschieht, wie Samir Amin herausarbeitet:

Die Kapitalisten versuchen stets, die Mehrwertrate zu steigern […]. So verstehe ich das marxsche «allgemeine Gesetz der kapitalistischen Akkumulation» und die «relative und absolute Verelendung», in der es seinen Ausdruck findet. Die Realität bezeugt die Gültigkeit dieses Gesetzes – aber nur, wenn das globale kapitalistische System und nicht die imperialistischen Zentren isoliert betrachtet werden. Denn während in den Zentren die Reallöhne im letzten Jahrhundert parallel zur Entwicklung der Produktivität stetig anstiegen, zeigte sich in der Peripherie

die absolute Verelendung der vom Kapital ausgebeuteten Pro-
duzenten in all ihrer Brutalität. Die «pro-imperialistische» Lesart
von Marx, die die Existenz eines global einheitlichen Werts der
Arbeitskraft bestreitet, kommt hier an ihr Ende. Die entgegen-
gesetzte Lesart macht den Marxismus genau an diesem Punkt
subversiv. (Amin 2012 [2010]: 45)

Samir Amin ist explizit gegen die Spaltung der Lohnabhängigen des globalen Nordens und des globalen Südens. Er fordert aber ein, dass marxistische Theorien *international* weiterentwickelt werden. Dabei soll der Überausbeutung der Arbeitskraft des globalen Südens Rechnung getragen werden, die in kapitalisti-schen und teilweise in vorkapitalistisch-feudalen Formen in die Erzeugung von Wert, in die Erzeugung von Gewinn, eingebun-den ist. Es sei zu sprechen vom «Proletariat der Peripherie, das der Überausbeutung unterworfen ist aufgrund des unvollende-ten Charakters der kapitalistischen Struktur, seiner historischen Unterworfenheit […] und der daraus resultierenden Entkopp-lung zwischen dem Preis seiner Arbeitskraft und der Produktivi-tät seiner Arbeit […und der] ausgebeutete[n] Bauernschaft der Peripherie, die teils dualer Ausbeutung durch vorkapitalistische Formen und durchs Kapital unterworfen ist […] – die also stets überausgebeutet und folglich der potenzielle Hauptverbündete des Proletariats ist» (Amin 2012 [2010]: 83).

Damit bestehe der *Hauptwiderspruch* «nicht zwischen der Peripherie als Ganze und dem Zentrum als Ganzes», sondern zwischen dem Proletariat und der Bauernschaft der Peripherie auf der einen und dem imperialistischen Kapital des Zentrums auf der anderen Seite. Die lokalen Kapitalisten der Peripherie – die an der Ausbeutung sowohl des Proletariats als auch der Bauernschaft der Peripherie beteiligt, aber selbst vom Zentrum abhängig sind – und auch das Proletariat des Zentrums seien in ihren Interessen zwischen diesen beiden Polaritäten anzusie-deln. Amin leitet daraus her, dass Proletariat und Bauernschaft des globalen Südens als Überausgebeutete «die Speerspitze der revolutionären Kräfte auf globaler Ebene» bilden (Amin 2012 [2010]: 83). Hingegen seien sich die Ausgebeuteten im globa-len Norden vielfach ihrer Bedrückung nicht klar bzw. wollten aufgrund eigener Vorteile aus der Überausbeutung der Arbei-ter_innen im globalen Süden die gesellschaftlichen Verhältnisse nicht grundlegend ändern.

Wurde bisher selbst in marxistischen Betrachtungen die Situation der Peripherie übergangen und die Entwicklung von Produktivität als Motor der Emanzipation der arbeitenden Menschen genommen, so muss nun ausgehend von der Emanzipation der Menschen gedacht werden – und Amin gibt hierfür eine exzellent ausgearbeitete Grundlage. Dabei gilt es Kapitalismus als Ganzes zu sehen, die Auswirkung des Kolonialismus präzise in den Blick zu nehmen und sich von den Variablen des Kapitalismus – insbesondere der Produktivität und dem Arbeitsfetischismus – unabhängig zu machen. Auch die sozialistischen Länder des Ostblocks orientierten sich an Variablen der steten Produktivitätssteigerung und damit an einem unbedingten Arbeitsfetischismus und vergaßen dabei die Punkte, die für Karl Marx grundlegend waren. Amin erteilt Marxist_innen eine Absage, die dem Kapitalismus lediglich die Schuld daran geben, «dass er den Marsch des Fortschritts nicht schnell genug vorantreibt». Er verweist auf den Marx, der eine Gesellschaft entsprechend den menschlichen Bedürfnissen wollte und in der Menschen nicht auf nur eine Tätigkeit festgelegt oder gar im Leben wesentlich über sie definiert, also «niemand ausschließlich Künstler oder Dreher» wäre (vgl. Amin 2012 [2010]: 42). Arbeit um der Arbeit willen oder zur abstrakten Produktivitätssteigerung ist sinnlos – vielmehr gilt es stets, auf die Verwirklichung der Bedürfnisse der Menschen zu orientieren und Produktivitätssteigerung als Mittel zum Zweck zu betrachten, mit weniger Arbeit das zum Überleben Notwendige zu leisten und damit mehr Raum für andere Beschäftigungen zu haben. Neben dem Anknüpfen an dieses Marx'sche Ziel gesellschaftlicher Entwicklung betont Samir Amin die ökologische Bedeutung dieses Ziels: Kapitalismus steuere – notwendig und logisch im Sinne steter Akkumulation – auf die Vernichtung der ökologischen Grundlagen menschlichen Lebens zu (Amin 2012 [2010]: 84–93).

Ausgehend von dieser globalen Perspektive lohnt ein Blick auf die Geschlechter- und sexuellen Verhältnisse. So wird zum Beispiel deutlich, wie die Landfluchten in der Peripherie, das Anschwellen urbaner Räume innerhalb kurzer Zeit zu Zehnmillionenstädten, durch die globalen kapitalistischen gesellschaftlichen Verhältnisse erzeugt sind. Die ökonomisch bedingte Vertreibung und Entwurzelung von Menschen und in ihrer extremsten Form die Lebensweise der Wanderarbeiter_innen werden vom aktuellen globalen Kapitalismus bewirkt (vgl. Ngai 2010; Ngai

2013; vgl. auch: Mamozai 1989 [1982]: 105–118). Die Fabrik wurde nur verlagert. Sie «findet jetzt in den Minen statt, den Feldern, den Schlaf- und Hinterzimmern, auf Schleichwegen, in Garagen, den Parkplätzen, auf denen Tagelöhner warten. Sie hat sich in die Welt ergossen und dabei unzählige Gruppen von Subalternen nahezu industriell produziert.» (Steyerl 2011 [2008]: 9f) Klar ist damit auch, wie durch die erzwungene Suche von Menschen nach Überlebensmöglichkeiten – so dass sie weite Strecken zurücklegen, etwa in Städte gehen und in Slums leben – auch Lebens- und Familienverhältnisse beeinflusst werden. Familienverbände werden gesprengt, das Zusammenleben orientiert sich an gegebenen Unterkunftsmöglichkeiten, oft müssen dabei viele Menschen auf engem Raum wohnen, ohne bestimmen zu können, mit wem.

Untersuchungen, die allein im kapitalistischen Zentrum verbleiben, ohne die Peripherie zu beachten, bleiben hier unvollständig und vernachlässigen sogar das Wesentliche. Es gerät so aus dem Blick, wie Menschen aus dem globalen Norden von der Kolonialisierung des Südens profitiert haben und noch heute davon profitieren. Gayatri Chakravorty Spivak richtet den Blick in ihren Arbeiten gerade auf die Frauen des globalen Südens und stellt heraus, wie diese einer doppelten Unterdrückung unterliegen – «über eine ökonomische Ausbeutung als Folge des Imperialismus und eine erzwungene Unterordnung als Teil des patriarchalen Systems» (nach Castro Varela / Dhawan 2005: 58). Das werde durch Emanzipationsbewegungen des globalen Nordens geduldet und teilweise sogar protegiert. Richtet Spivak ihr Augenmerk insbesondere auf den westlichen Feminismus, ist die Schwulenbewegung mindestens ebenso kritisch zu betrachten. Spivak arbeitet heraus, dass der Anspruch des westlichen Feminismus, alle Frauen zu repräsentieren, scheitern muss. Wenn nicht auch die kolonialen und postkolonialen Verhältnisse hinterfragt werden, nutzen die emanzipatorischen Kämpfe ausschließlich den Frauen des globalen Nordens. «Der ‹Internationale Feminismus› ist für Spivak in erster Linie ein Diskurs des Nordens, und sein Engagement für die Frauen des Südens ist oft nichts weiter als eine paternalistische Mission in Richtung der ‹armen› Schwestern in der ‹Dritten Welt›.» (Castro Varela / Dhawan 2005: 59) Abgesehen von paternalistischer Bevormundung würden durch ihn – oft ungewollt – koloniale Bilder aktualisiert, Frauen des Südens als hilfsbedürftige Geschöpfe konstruiert, hingegen erschienen die Frauen des Nordens als befreiter, als etwas Besseres. Letztlich führe solches Streiten zur Selbsterhöhung der weißen Frauen des Nordens.

Die Stereotype, die ausgehend von der Kolonialisierung des Südens durch den globalen Norden verbreitet wurden, bedeuten darüber hinaus, dass die Frauen des Südens zum Schweigen gebracht werden. Sie werden gehindert, wirksam für die eigene Position zu streiten. Das zentrale Beispiel, das Spivak hierfür anführt, ist das der indischen Witwenverbrennung. Würden die Witwen vom lokalen Patriarchat zu ‹Bewahrerinnen von Tradition› stilisiert, so gälten sie den Kolonisator_innen und noch immer der westlichen Welt als Nachweis einer ‹barbarischen› Unterdrückung und der ‹Zurückgebliebenheit› Indiens. Ein eigenes Streiten der Frauen, ohne einer der beiden Seiten für deren eigene Interessen zuzuarbeiten, sei unter solchen Umständen nicht möglich – sie sind durch diese ‹Zwickmühle› zum Schweigen gebracht (Spivak 2011 [2008]; vgl. Steyerl 2011 [2008]: 12).

Frauen im Süden müssen also stets verlieren, wenn der Kolonialismus und die westliche Konstruktion des ‹Anderen› zur eigenen Selbstüberhöhung nicht grundsätzlich überwunden werden. Grundsätzlich bedeutsam erscheint es so, dass nur die Selbstorganisation und eigenes Streiten ausgehend von der Peripherie zu grundlegenden Veränderungen führen können. Für den globalen Norden arbeitet Spivak heraus: Bewusstes Wahrnehmen und Verlernen einer eigenen privilegierten Position ist Grundbedingung, damit Sprechen aus unterdrückten Positionen überhaupt möglich werden kann – und nicht stets die hegemonialen Stereotype, die auf kolonialen Mustern aufbauen, reproduziert werden müssen. Und das Selber-sprechen-Können aus unterdrückten Positionen ist die Grundbedingung für emanzipatorische Veränderung. Es gibt keine mögliche Repräsentation aus privilegierter Perspektive, auch keine mögliche Repräsentation subalterner Position etwa durch Intellektuelle. Vielmehr beinhalte die Repräsentation immer eine hegemoniale Position, eine Selbstüberhöhung:

Die Subalterne kann nicht sprechen. Es liegt kein Wert in globalen Endlosaufzählungen, die «Frau» als frommen Begriff anführen. Repräsentation ist nicht abgestorben. Die weibliche Intellektuelle hat als Intellektuelle eine klar umrissene Aufgabe, die sie nicht mit Pauken und Trompeten verleugnen darf. (Spivak 2011 [2008]: 106)

Das Entstehen der Geschlechterverhältnisse im Kapitalismus

Entsprechend der historischen Ausprägung des globalen Kapitalismus ausgehend von Europa wird jetzt ein Blick auf die dortigen Veränderungen der Lebens- und Geschlechterverhältnisse gelegt. Es wird dabei deutlich, wie abhängig von lokalen Zentren kapitalistischen Wirtschaftens zunächst lokale und kulturelle Peripherien *(Letztere durch die kulturelle Deklassierung von einzelnen und Gruppen von Menschen)* entstehen – mit Auswirkungen auf die Lebensverhältnisse.

Feudale Ordnung:
Die bäuerliche Familie, das Handwerk

Der «Feudalismus ist durch das Verhältnis von grundbesitzendem Adel und landlosen Bauern bestimmt» (Fülberth 2008: 91). Die Bäuer_innen lebten dabei in Leibeigenschaft. Sie waren an die ‹Scholle› gebunden – das Stück Land, das sie für die Herr_innen bestellten, denen es gehörte und die ihnen den Lebenserhalt ‹sicherten›, das heißt ihnen in gewissem Maß Nahrung ließen, zugleich aber auch das ‹Züchtigungsrecht› hatten. Von der Sklaverei unterschied sich der Status der Leibeigenschaft dadurch, dass die Leibeigenen nicht verkauft werden konnten.

Ab etwa dem Jahr 1000 ergaben sich für die Bäuer_innen begrenzte weitere Möglichkeiten: Adlige, die östlich der Elbe Land besetzten, warben Bäuer_innen an, indem sie ihnen ein neues Rechtsverhältnis zusicherten. Sie sollten dort das Land der Adligen eigenständig bestellen und dafür Abgaben entrichten und weitere Arbeiten erbringen. Ein solches Verhältnis wird als ‹Hörigkeit› bezeichnet, nicht als Leibeigenschaft. Die Abgaben waren in festen Stückzahlen zu erbringen – was darüber hinaus produziert wurde, durften die Bäuer_innen behalten. Damit ergab sich ein Anreiz zur Steigerung der Produktivität – allerdings konnte das zusätzlich Erzeugte dennoch von den Adligen abgepresst werden (vgl. ebd.: 92).

Einige der Bäuer_innen westlich der Elbe flohen und schlossen sich Adligen im Osten an. Durch diese Bewegung sahen sich im 12. und 13. Jahrhundert auch immer mehr Herr_innen im Westen dazu gezwungen, die Leibeigenschaft zu Gunsten der Grundherrschaft mit hörigen Bäuer_innen aufzugeben. Aber auch die Hörigkeit bedeutete Unfreiheit, weil die Bäuer_innen nur auf Basis des bestellten Landes ihre Lebensgrundlage sichern konnten. Zusätzlich zur Abgabenpflicht gegenüber den Herr_innen mussten die Bäuer_innen auch für den Klerus Abgaben und Dienste erbringen. Neben der Leibeigenschaft und der Hörigkeit gab es in manchen Regionen – etwa in Skandinavien – auch ‹freie› Bäuer_innen, die Land bestellten und dafür der heutigen Pacht ähnliche Abgaben leisten mussten.

Die bäuerliche Familie ist dabei als «patriarchale Gattenfamilie» (Tjaden-Steinhauer/Tjaden 2001: 123–130) einzuordnen. Bestimmende Bedeutung bei der Zurücksetzung der Frau in dieser kam der christlichen Religion zu. Frauen seien demnach «Gefäß[e] der Sünde», während Männer nur sündigten, indem sie sich den Frauen hingäben (vgl. Kuczynski 1963: 14). Ob diese Einordnung in der konkreten Lebensumwelt der gewöhnlichen Bevölkerung – also der Bäuer_innen – Bedeutung gehabt hat, ist kaum zu beantworten. Sicher ist, dass in der bäuerlichen Familie Frau, Mann und Kinder an der Arbeit beteiligt waren. Es handelte sich um eine «Produktions- und Konsumtionseinheit» (Fülberth 2008: 93; vgl. Kuczynski 1963: 86f; Haug 2002), in der alle zum Lebenserhalt beitrugen. Oft konnte selbst durch die Mitarbeit aller nur die kümmerlichste Ernährung gesichert werden, selten ergab sich aber auch ein kleiner Wohlstand der Bäuer_innen (vgl. Kuczynski 1963: 8f; Braudel 1986a: 274–283). Schließlich waren gerade arme Dörfer und Regionen gezwungen, «eine höhere Geburtenrate und ein niedrigeres Heiratsalter» zu akzeptieren, mussten «sie doch relativ viele Arbeitskräfte produzieren» (Braudel 1986a: 272).

‹Lohn› oder etwas Vergleichbares bekamen diese ‹Produktions- und Konsumtionseinheiten› nicht, vielmehr erhielten sie entweder nur das zum Überleben Nötige (Leibeigenschaft) oder mussten festgesetzte oder anteilsmäßige Abgaben leisten (Hörige, ‹freie› Bäuer_innen), die von der bäuerlichen Familie insgesamt zu erbringen waren. Entsprechend gab es auch keine ‹Zurücksetzung› der Frauen, etwa nach Schwere der Arbeit. Der Sozialhistoriker Jürgen Kuczynski schreibt:

In der Zeit des frühen Feudalismus, als noch kaum Städte bestanden und das Handwerk im Wesentlichen noch direkt mit der Landwirtschaft verbunden war, war der übergroße Teil der Frauen, die ihre Arbeitskraft abgaben, Mägde, die in verschie-

*denem Grade hörig waren. Die Tätigkeit solcher Mägde war
überaus vielfältig. [...] «Angefangen bei der Schafschur und
der Flachsgewinnung hatten sie bei der Gewandbereitung mit-
zuhelfen, wurden bei der Feldbestellung und allen groben Arbeiten wie Getreidemahlen, Ofenheizen, Waschen und im Stall
verwendet. [...]» Wir finden Frauen am Pflug ebenso wie bei
der Heuernte oder beim Melken. In der Tat, es gab kaum eine
landwirtschaftliche Arbeit, mag sie noch so schwer sein, zu der
in dieser frühen Zeit die Frau[en] nicht herangezogen wurde[n].
(Kuczynski 1963: 7f)*

Auch in den sich seit dem 11. Jahrhundert zunehmend entwickelnden Städten und dem dortigen Handwerk boten sich
Frauen zahlreiche Möglichkeiten. Bis in das 15. Jahrhundert hi-
nein hatten Frauen Zunftrecht – nur in wenigen der Ordnun-
gen waren Beschränkungen für Frauen oder gar ihr Ausschluss
vorgesehen (vgl. Bücher 1910: 14–23; Schuster 1927; Kuczynski 1963: 9ff). Frauen konnten so als Meisterinnen tätig sein;
häufiger waren sie hingegen auch hier Mägde, ob hörig oder
‹frei›. Hörige Mägde erhielten dabei lediglich Nahrung und Kleidung, ‹freie› Dienerinnen bekamen eine geringfügige Bezahlung (Kuczynski 1963: 11). Und bei der Bezahlung ergibt sich
für die Herr_innen auch erstmals ‹Einsparungspotenzial›: Frau-
en erhielten hier – nach den wenigen vorliegenden Quellen zu
urteilen – im 15. Jahrhundert teils deutlich geringere Zahlungen
als Männer (vgl. ebd.: 12f).

Nach 1500 änderte sich die Stellung der Frauen stark. In
den Städten waren immer mehr Handwerker_innen tätig, was
zu Überproduktion führte. So suchte man in den Zünften neu
Hinzukommende an der handwerklichen Tätigkeit zu hindern
und die Weitergabe des Handwerks stattdessen auf die eigenen
Söhne zu beschränken. Waren zuvor Regelungen, die den Ge-
werbebetrieb mit der Verpflichtung zum Waffendienst koppel-
ten (wovon Frauen ausgeschlossen waren), der Mitgliedschaft
von Frauen in den Zünften nicht abträglich gewesen, so wurden nun, mit Verweis auf den nicht möglichen Waffendienst,
Frauen aus den Gewerben ausgeschlossen. Das betraf selbst
die Schneiderei, in der nun klar festgelegt wurde, was Frauen
durften und was dem männlichen Schneider vorbehalten bleiben sollte (vgl. ebd.: 13f).

Theoretische Reflexion:
Von der gemeinschaftlichen familiären Arbeit zur Herausbildung abgekoppelter ‹Erwerbsarbeit›

Wenn sich auch in der feudalen Gesellschaftsordnung die patriarchale Zurücksetzung von Frauen zeigte, die insbesondere über die christliche Religion begründet wurde, so bedeutete sie doch keine klare Verteilung der Tätigkeiten zwischen Frauen und Männern in den bäuerlichen Familien. Die an die Herr_innen und den Klerus zu leistenden Abgaben bezogen sich fast nie auf «den einzelnen Bauern» (ebd.: 86ff), sondern auf das Stück bestelltes Land, an dessen Bewirtschaftung die ganze Familie mitwirkte, um die Ernährung und insgesamt den Unterhalt des Lebens zu sichern. Damit ergaben sich in der feudalen Ordnung aber auch keine – bzw. nur sehr beschränkte, wie sich mit Bezug zu den handwerklichen Tätigkeiten zeigte – Möglichkeiten der unterschiedlichen Entlohnung. In diesen Verhältnissen zeigte sich keine ‹Erwerbsarbeit›, die von ‹häuslicher Arbeit› ablösbar wäre. Vielmehr ist von einer *familiären Wirtschaft* oder *Hauswirtschaft* auszugehen, «wobei unter Hauswirtschaft sowohl die Arbeit in der Landwirtschaft auf dem Bauernhof wie auch Spinnen und Weben zu Hause, zusätzlich zu Kochen, Kinderaufziehen usw. zu verstehen sind. [...] Auf dem Lande war es eine Selbstverständlichkeit, daß Mann und Frau zusammenarbeiteten. Man heiratete und hatte Kinder, damit überhaupt die Voraussetzung für die Arbeit auf dem Bauernhof gegeben war. Genau das gleiche gilt für die Heirat im Falle des Handwerksgesellen, der Meister wird.» (Ebd.: 87)

Wenn Bäuer_innen zeitweise genötigt waren, in die Städte zu gehen, um dort für Lohn zu arbeiten, bedeutete dieser nur eine Ergänzung zum Land und zur Familie und reichte keineswegs zum Überleben (ebd.: 88). Veränderungen ergaben sich erst mit der Herausbildung von Manufakturen, die unter Gewinninteresse betrieben wurden und viele Arbeiter_innen benötigten.

Erstes Opfer der Manufakturen waren die Ärmsten in der Gesellschaft – etwa ‹Vagabund_innen›, feudal gebundene Frauen und Männer und arme Gesellen. Die Armen wurden zur Arbeit in den Manufakturen gezwungen. «Viele Manufakturen wurden der Zweckmäßigkeit halber gleich als Strafanstalten bevölkert und vor allem mit arretierten und zu Zwangsarbeit verurteilten Bettlern und Bettlerinnen aufgebaut. [...] Im Zuchthaus mußten Irre, Bettler, Schwachsinnige, Diebe, Ehebrecher, Kindesmörderinnen, erziehungsbedürftige Kinder und widerspenstige Dienstboten gemeinsam für die Unternehmer Wolle spinnen, Seide haspeln sowie Färbholz raspeln und schaben.» (Ebd.: 22f; vgl. ebd.: 35f) Ähnliche Zwangsanstalten waren Armenhäuser. Edmund White beschreibt in seiner Biographie des französischen Schriftstellers Jean Genet, wie dieser für seinen Roman *Querelle* die Lebensrealität in solchen seit dem späten Mittelalter bestehenden Zwangsanstalten und deren Bedeutung für die funktionierende Produktion recherchierte – die aufstrebende Großmacht Frankreich zwang Streuner und Vagabunden damals auch als Galeerensklaven auf die Schiffe. Genet skizziert in *Querelle* die Relevanz dieser Bedingungen für die sexuellen Verhältnisse der männlichen Gefangenen (vgl. White 1993: 205ff). Solche Anstalten waren lukrativ und begehrt, was sich etwa in hohen ‹Ablösezahlungen› ausdrückte. 1723 erließ gar der König von Preußen ein Edikt, das alle armen Frauen, «die nicht voll ausgelastet waren» – also insbesondere Bettlerinnen –, dazu verpflichtete, unentgeltlich wöchentlich ein Pfund Wolle zu spinnen und abzuliefern (Kuczynski 1963: 23f). Wie Kuczynski schreibt: «Zwang und Terror, Terror und Zwang – das ist der Weg der Frau von der Straße in die Manufaktur» (ebd.: 24) – und in die kapitalistische Ordnung.

Interessant ist diese Feststellung auf zweierlei Weise: Einerseits gerät in aktuellen Abhandlungen vielfach aus dem Blick, dass die konstituierenden Momente der bürgerlich-kapitalistischen Ordnung stark von Gewalt geprägt sind. (Vgl. MEW 23: 743) Es wurde also nicht durch ‹Anreize› um ‹freie Lohnarbeitende geworben›, wie einige heute vermuten. Auch heute ist im globalen Maßstab und selbst im kapitalistischen Zentrum Zwang an der Tagesordnung, denkt man z. B. an die Arbeitspflicht gemäß der Hartz-Gesetzgebung oder an die Zustände in sogenannten Behindertenwerkstätten. Andererseits bildeten sich Manufakturen und später technisierte Fabriken zunächst gerade in den Bereichen heraus, die von alters her in den privilegierten Kreisen als ‹weibliche Tätigkeitsbereiche› betrachtet wurden – etwa Spinnen. Als Ausgangspunkte der ‹Industrialisierung› müssen technische Neuerungen in der Weberei gelten, die die Produktionsleistung dermaßen steigerten, dass alles unternommen wurde, um auch die vorgelagerte Spinnerei produktiver zu gestalten – zunächst durch Zwang zur Arbeit in diesem Bereich (es wurden etwa auch Soldaten zum Spinnen angehalten und von ihren Familien die Spinnerei erwartet), schließlich auch hier durch technische Neuerungen in der zweiten Hälfte des 18. Jahrhunderts. In diesem Sinne waren sowohl Manufaktur als auch Fabrik anfangs insbesondere durch Frauenarbeit geprägt (vgl. ebd.: 24ff; Haug 2002).

Die Spinnerei ist auch auf andere Weise für unsere Thematik interessant: Die Knappheit an Spinner_innen führte schließlich dazu, dass die Möglichkeiten der dort tätigen freien Menschen – also derjenigen, die nicht in Zwangsanstalten gehalten wurden – zunahmen. Sie konnten in gewissem Maß Einfluss auf ihre Arbeitsbedingungen nehmen, indem sie eine Manufaktur mit den schlechtesten Arbeitsbedingungen verließen, da sie sicher sein konnten, in einer anderen ebenfalls Beschäftigung zu finden. Auch um die Löhne in dieser nun ‹freien Lohnarbeit› konnte so konkurriert werden. Allerdings wurden auch hier durch die Regierenden sogleich Beschränkungen erlassen – Stichwort: Zwang –, die die freie Festsetzung der Löhne und den Wechsel der Arbeiter_innen zwischen den Manufakturen einschränkten (vgl. Kuczynski 1963: 28ff).

Diese Verhältnisse finden sich auch in den Manufakturen anderer Wirtschaftsbereiche, etwa der Porzellanmanufaktur und im sogenannten Verlagswesen. (Bei Letzterem werden z.B. Textilien dezentral in Heimarbeit hergestellt und zentral von einem ‹Verleger› vermarktet; der Verleger geht mit Geld oder Rohstoffen in Vorleistung, die Heimarbeiter_innen sind daher gebunden.) In den Manufakturen zeigt sich auch bereits ein bedeutender Unterschied, der zwischen Frauen und Männern gemacht wird. Frauen verdienen in der Regel nur einen Teil der Männerlöhne, häufig etwa 30 bis 40 Prozent von diesen. Hier beginnt also durch die Unternehmer die Geschlechtsunterscheidung auf eine neue, eine kapitalistische Weise in die Lebensverhältnisse der Armen eingeschrieben zu werden (vgl. u. a. Haug 2002; Weiss 2010). War der Leitgedanke dabei zunächst, dass die arbeitenden Frauen und Männer, die hauptsächlich einen kleinen Flecken Land bestellten, lediglich einen Zuverdienst erwarben, wurden später zwei konkurrierende Vorstellungen der Privilegierten vorherrschend: 1) Einerseits gab es die patriarchale Perspektive, dass der Mann eine Familie zu ernähren habe, die Frau hingegen nicht, was sich in Lohndifferenzen ausprägen konnte. Diese Sicht konnte zur Begründung eines höheren ‹Familienlohns› für die Männer, hingegen eines geringen ‹Zuverdienstlohns› für die Frauen dienen (vgl. ebd.). 2) Andererseits handelt es sich bei der Arbeitskraft der Menschen im Kapitalismus um eine ‹Ware›, für die vom Unternehmer nur das unbedingt Nötige aufgewendet werden soll – alles darüber hinaus schmälert den Gewinn. Der ‹Wert› der Ware Arbeitskraft wird nun nach Karl Marx folgendermaßen bestimmt – und, wie geschildert, notfalls auch durch Zwang auf diesem geringen Niveau festgeschrieben:

Eine gewisse Menge Lebensmittel muß ein Mensch konsumieren, um aufzuwachsen und sich am Leben zu erhalten. Der Mensch unterliegt jedoch, wie die Maschine, der Abnutzung und muß durch einen andern Menschen ersetzt werden. Außer der zu seiner eignen Erhaltung erheischten Lebensmittel bedarf er einer andern Lebensmittelmenge, um eine gewisse Zahl Kinder aufzuziehn, die ihn auf dem Arbeitsmarkt zu ersetzen und das Geschlecht der Arbeiter zu verewigen haben. [...] Nach dem Dargelegten dürfte es klar sein, daß der Wert der Arbeitskraft bestimmt ist durch den Wert der Lebensmittel, die zur Produktion, Entwicklung, Erhaltung und Verewigung der Arbeitskraft erheischt sind. (MEW Bd. 16: 131f; Hervorhebungen i. Orig.)

Neben der einfachen Ernährung und Unterkunft kommen für einige der Arbeitenden auch Fragen der Ausbildung und Qualifikation hinzu – zentraler Punkt soll hier aber zunächst sein, dass in dieser zweiten der konkurrierenden Perspektiven *der Lohn für die Arbeitskraft auf das geringste mögliche Maß* zuläuft. Wie es bei Samir Amin heißt, versuchen die «Kapitalisten [...] stets, die Mehrwertrate zu steigern», und bewirken so die «relative und absolute Verelendung» der großen Mehrheit der Menschen (Amin 2012 [2010]: 45). In der Zusammenschau beider Perspektiven bedeutet das, dass auch ein auf einer bürgerlichen Idealvorstellung basierender ‹Familienlohn› der Männer im Absinken begriffen ist, erweist es sich doch für den Unternehmer als viel lukrativer, alle Mitglieder der Familie zu beschäftigen, so dass dann vier oder fünf Menschen gemeinsam den ‹Familienlohn› erarbeiten müssen, den zuvor eine Arbeitskraft allein erhielt. Je mehr sich der Kapitalismus durchsetzte, desto deutlicher zeichnete sich diese Entwicklung ab: Dort, wo die

Löhne nicht ohnehin so gering waren, dass in der arbeitenden Klasse die gesamte Familie zum Lebensunterhalt beitragen musste, wurden sie von den Unternehmern im ausgehenden 18. und im Verlauf des 19. Jahrhunderts entsprechend herabgedrückt (vgl. u. a. Kuczynski 1963: 86ff; AG Jugend und Bildung 2010: 8ff, 34ff).

Die Abwärtsspirale beim Lohn ist selbstverständlich kein ‹Naturgesetz› – insbesondere durch gesellschaftliche Kämpfe können dabei Mindeststandards ausgehandelt werden, die über die einfache Erhaltung der Arbeitskraft und ihre Reproduktion hinausgehen. Solche Kämpfe waren in der Vergangenheit erfolgreich – und einige von ihnen werden im Folgenden noch vorgestellt. Für die theoretische Betrachtung ist hier zunächst noch von Belang, auf welche Weise denn gleicher Lohn für gleiche Arbeit von Frauen und Männern möglich werden könnte. Tatsächlich leisteten Frauen der arbeitenden Klasse durchweg gleich schwere Erwerbsarbeit wie Männer. Ihre geringere Entlohnung hatte also nichts mit der tatsächlich geleisteten Arbeit zu tun, sondern mit der bürgerlichen Einordnung, dass sie zusammen mit den Kindern zum Lohn des Mannes ‹zuverdienten›. Dies wurde auf verschiedene Weise von den Herrschenden gerechtfertigt: 1) Frauen wurden die (zunächst insgesamt geringen) Weiterbildungs- und Aufstiegsmöglichkeiten generell verwehrt. Sie leisteten in den Manufakturen und Fabriken als ‹Zuarbeiten› klassifizierte Tätigkeiten. 2) Unterschiedliche Wirtschaftsbereiche wurden zunehmend als entweder ‹weibliche› oder ‹männliche› Arbeit klassifiziert. 3) Das bürgerliche Sprechen über eine ‹weibliche› physische und physiologische ‹Schwäche› – im Vergleich zu einer postulierten ‹männlichen Stärke› – wurde auf die arbeitende Klasse übertragen und konnte dort die ungleiche Verteilung von Frauen und Männern auf die einzelnen Wirtschaftsbereiche und ihre unterschiedliche Entlohnung als ‹gerecht› erscheinen lassen (vgl. Voß 2011b).

Bis heute bestehen die Lohndifferenzen zwischen Frauen und Männern und die verschiedene Wertschätzung für unterschiedliche gesellschaftliche und Wirtschaftsbereiche fort. Gleicher Lohn für die Tätigkeiten könnte – Marx in der Bewertung der Arbeitskraft als Ware folgend – dadurch möglich sein, dass die Löhne auf das unbedingt nötige Maß herabgedrückt werden. Frauen und Männer könnten auf diese Weise den gleich niedrigen Lohn erhalten. Dieser würde nur ausreichen, um den

Erhalt der Arbeitskraft und deren schließlich notwendigen Ersatz sicherzustellen. Damit der Lohn deutlich darüber liegen kann, sind Kämpfe der Arbeitenden erforderlich, die eine Erhöhung des Lohns, eine Alterssicherung etc. erzwingen. Je nach der Stärke der Kämpfe kann so eine bessere Lebenssituation der Arbeitenden erreicht werden – oder, sofern die ‹Kampfkraft› der Arbeitenden schwach ist, sich die Lebenssituation wieder verschlechtern, bis zu dem Minimum, das zum Erhalt und der Reproduktion der Arbeitskraft erforderlich ist (vgl. Kuczynski 1963: 98ff). Bereits an dieser Stelle sei darauf verwiesen, dass – wie Samir Amin ausführte – die Lohnsteigerungen im globalen Norden zwar durch Kämpfe erreicht wurden, aber letztlich zu Lasten des globalen Südens gingen, da dort, durch die vom Norden erzwungene unterdrückte Situation, nicht die gleichen Lohnsteigerungen oder gar die gleichen Löhne durchgesetzt werden konnten.

Der geschlechtliche Charakter der ‹freien Lohnarbeit›

Auch wenn die Familie bereits im Mittelalter patriarchalisch gegliedert war und dem Mann als Hausvorstand rechtliche und soziale Privilegien einräumte, bildeten sich erst mit den veränderten Produktionsbedingungen wirtschaftliche und ideologische Strukturen, die nichterwerbstätige Frauen in die ökonomische und emotionale Abhängigkeit von Männern drängten. Mit der Trennung in Privatsphäre und außerhäusliche Produktion kam der – von der beruflichen und politischen Lebenswelt ausgeschlossenen – Bürgersfrau die Rolle der treusorgenden Gattin, Hausfrau und Mutter zu. Diese Entmachtung wurde verklärt und idealisiert, wobei im 18. Jahrhundert die Mehrzahl der deutschen Frauen dem neuen Frauenideal nicht entsprechen konnte, weil sie in Manufakturen und Fabriken Schwerstarbeit leistete. (Opitz [Ayim] 1997 [1986]: 25)

Mit der Durchsetzung bürgerlich-kapitalistischer gesellschaftlicher Ordnung bildet sich eine ‹Erwerbsarbeit› heraus, die von Tätigkeiten anderer Lebensbereiche in gewissem Maße abgelöst ist (vgl. Wallerstein 1984: 19ff; Haug 2002). Zeigte sich für die Manufakturen, dass dort zunächst Menschen zur Arbeit gezwungen wurden bzw. feudal an eine Scholle gefesselte Bäuer_innen zusätzlich dort tätig waren, so etabliert sich im Kapitalismus also die ‹freie Lohnarbeit›. Dabei musste die ‹Freiheit› der Arbeitenden von der Scholle teilweise – etwa in Schottland – erst mit Gewalt durchgesetzt werden, indem in den Anfängen des Manufakturbetriebs bäuerliche Familien von ihrem kleinen Flecken Land vertrieben wurden. Die ‹freien Lohnarbeitenden› waren und sind damit gezwungen, um (über)leben zu können, das einzige was sie haben, zu verkaufen: ihre Arbeitskraft. Dafür bekommen sie einen Lohn, der ausreicht, sich und ihre Arbeitskraft zu erhalten (historisch und selbst aktuell oft zu erbärmlichen Bedingungen). Der Unternehmer kauft die Arbeitskraft ein, um überhaupt ‹Wert› erzeugen und darauf aufbauend Gewinn realisieren zu können. Da die allermeisten Menschen dazu gezwungen sind, ihre Arbeitskraft anzubieten, kann der Unternehmer auswählen und die Arbeitskraft derjenigen einkaufen, die sie zu den für ihn günstigsten Bedingungen anbieten. Die ‹freien Lohnarbeitenden› konkurrieren also untereinander – insbesondere der geforderte Lohn (im Verhältnis zur Widerspenstigkeit und ggf. zur Qualifikation) entscheidet darüber, ob sie eine Erwerbsarbeit bekommen und ihren eigenen Erhalt sichern können. Unter diesen Bedingungen konnten Unternehmer – zunächst weitgehend ohne Beschränkungen – die schlechtesten Arbeitsbedingungen durchsetzen. Arbeitszeiten in Manufakturen und Fabriken von oft bis zu 16 Stunden waren die Regel und dabei fiel nur das zum Überleben Notwendige ab. Auch in anderen Dienstverhältnissen – etwa bei Dienstbot_innen – waren die Umstände nicht besser als bei Fabrikarbeiter_innen: Dienstbot_innen mussten stets zur Verfügung stehen, wenn sie von den Herr_innen benötigt wurden, also 24 Stunden am Tag (vgl. etwa Braun 1979 (1901): 209–431; AG Jugend und Bildung 2010: 8ff, 34ff).

Die Freizügigkeit der Lohnarbeitenden zwischen einzelnen Dienstverhältnissen konnte durch die Herrschenden gesetzlich beschränkt werden, etwa wenn – wie oben angeführt – die Nachfrage nach Spinner_innen die Zahl der zur Verfügung stehenden Arbeitskräfte überstieg. Somit war gesichert, dass die Löhne gering blieben. In diesem Sinne wirkt auch heute die Beschränkung der Freizügigkeit der Arbeitenden durch nationale Grenzen. Während die Herrschenden global agieren können – sichergestellt durch Freihandelsabkommen etc. –, ist die Freizügigkeit derjenigen beschränkt, die auf den Verkauf ihrer

Arbeitskraft angewiesen sind, da sie ansonsten den schlechtesten Arbeits- und Lebensbedingungen entfliehen und in anderen geographischen Regionen ihre Arbeitskraft verkaufen könnten.

Weitere Beschränkungen der Freizügigkeit zwischen möglichen Dienstverhältnissen bestehen in traditionellen Vorstellungen, die in jahrhundertealten familiären Lebensweisen wurzeln und es als selbstverständlich erscheinen lassen, dass Mann, Frau und Kinder zusammenleben. Das erleichterte (und erleichtert) es für den Unternehmer, für Frauen und Kinder geringe Löhne durchzusetzen – sie verdienten schließlich nur hinzu. Gleichfalls ist durch diese familiäre Bindung die Freizügigkeit der Frauen weiter beschränkt, da sie 1) am Wohnort eine Erwerbsarbeit aufnehmen (müssen) und 2) auf Grund des geringen Lohnes (und durch traditionelle Vorstellungen sowie darauf basierenden Gesetzen) nicht die Möglichkeit haben, patriarchalen Bedingungen zu entgehen. Produktiv wirkt sich das insbesondere für den Gewinn des Unternehmers aus.

Jedoch werden diese Bedingungen für den Unternehmer dann hinderlich, wenn durch eine große Kampfkraft der Arbeitenden relativ hohe Löhne erreicht wurden und somit nicht mehr alle Familienmitglieder erwerbstätig sind (bzw. ‹sein müssen›). In der Bundesrepublik Deutschland setzte sich das teilweise mit dem so genannten ‹Ernährermodell› durch, das danach funktioniert, dass der Mann als ‹Familienernährer› Erwerbsarbeit leistet, während die Frau zur Reproduktion der Arbeitskraft des Mannes und der Familie unentlohnt, ‹zu Hause› arbeitet (vgl. Weiss 2010; Federici 2012). Eine solche Lebensweise schränkt in gewissem Grad den Absatz von Waren ein, da die Reproduktionsarbeit in den Familien geleistet wird und der direkten In-‹Wert›-Setzung entzogen ist – in gewissem Maße ist Letzteres selbstverständlich auch für den Unternehmer produktiv, da die Reproduktionsarbeit damit in seiner Gewinn- und Verlustrechnung nicht als Kostenfaktor zu Buche schlägt (vgl. für einen guten Überblick über feministische Analysen: Haug 2002; Federici 2012).

Deutlich wird: Es kann unter bestimmten gesellschaftlichen Umständen im Rahmen herrschender kapitalistischer Ordnung sinnvoll sein, alle – Männer, Frauen, ggf. auch Kinder – in die Erwerbsarbeit einzubeziehen. Mehr Arbeitskraft bedeutet mehr Gewinn für den Unternehmer, da jeglicher ‹Wert› letztlich auf

menschliches Tätigsein zurückzuführen ist. Mehr Lohnarbeitende bedeutet aber auch, 1) dass nicht ein einzelner Mensch einen
‹Familienlohn› erhalten muss, sondern dass der Lohn geringer
ausgehandelt werden kann, 2) dass der Lohn auf einem geringeren Niveau ausgehandelt wird, ergibt sich durch die größere
Konkurrenz der Lohnarbeitenden untereinander um Erwerbsarbeit bzw. vielmehr um ihr Überleben. Bei geringer Kampfkraft
der Arbeitenden wird – wie oben mit Karl Marx und Samir Amin
ausgeführt – der Lohn auf ein Minimum zulaufen. Aktuell ist
diese Entwicklung in der Peripherie durchgesetzt und selbst im
kapitalistischen Zentrum – auch in der Bundesrepublik Deutschland – im Gang.

Eine solche Entwicklung, mit der alle Menschen in Erwerbsarbeit eingebunden werden, geht aktuell mit gesellschaftlichen
Entwicklungen zusammen, die das Individuum stärker betonen
(vgl. u. a. Kofler 2008 [1985]; Wagenknecht 2005; Sigusch
2005). In diesem Sinn muss die Frage aufkommen, warum gerade heute Individualisierung eine solche Bedeutung erhält und
wie das einerseits Voraussetzung, andererseits auch Folge der
Bedingungen derzeitigen kapitalistischen Wirtschaftens ist. Bereits im *Kommunistischen Manifest* (1848) ist – für diese Betrachtungen interessant – für die bürgerlich-kapitalistische Gesellschaftsordnung festgehalten:

Die Bourgeoisie kann nicht existieren, ohne die Produktions-
instrumente, also die Produktionsverhältnisse, also sämtliche
gesellschaftlichen Verhältnisse fortwährend zu revolutionieren.
[…] Die fortwährende Umwälzung der Produktion, die ununter-
brochene Erschütterung aller gesellschaftlichen Zustände, die
ewige Unsicherheit und Bewegung zeichnet die Bourgeoisepo-
che vor allen anderen aus. Alle festen eingerosteten Verhältnis-
se mit ihrem Gefolge von altehrwürdigen Vorstellungen und
Anschauungen werden aufgelöst, alle neugebildeten veralten,
ehe sie verknöchern können. Alles Ständische und Stehende
verdampft, alles Heilige wird entweiht, und die Menschen sind
endlich gezwungen, ihre Lebensstellung, ihre gegenseitigen
Beziehungen mit nüchternen Augen anzusehen. (MEW 4: 465)

Individualisierung, möglicherweise verbunden mit einem Weniger an sexueller und geschlechtlicher Diskriminierung, bedeutet
also kein Ausbrechen aus kapitalistischen Verhältnissen, sondern es handelt sich dabei lediglich um eine Variante der Be-

dingungen, wie Arbeitskraft zu einem bestimmten Zeitpunkt möglichst gut ausgenutzt werden kann. Weniger Diskriminierung aufgrund bestimmter Merkmale – geschlechtlicher, sexueller – kann hier förderlich sein (vgl. u. a. Gültekin 1985: 5f; Wallerstein 1992 [1988]: 131ff; Sigusch 2005).

Im Gegensatz zu geschlechtlicher und sexueller Diskriminierung ist eine Auflösung rassistischer Diskriminierung schwieriger, weil die Aufrechterhaltung der nationalen Grenzen und die Behinderung der Freizügigkeit der Menschen im Kapitalismus grundlegend dafür sind, regional schlechte und schlechteste Arbeitsbedingungen durchzusetzen: Mit offenen Grenzen könnten Menschen schließlich zu Orten mit besseren Lebens- und Arbeitsbedingungen fliehen. Die Begrenzung der Freizügigkeit für die Menschen, im Gegensatz zu den Möglichkeiten des freien Handels und Kapitalflusses, ist eine wichtige Bedingung für hohe Gewinnspannen des Unternehmers. Um ein solches System aufrechtzuerhalten – und damit auch Lohnarbeitende einander fürchten und Grenzen als erforderlich betrachten –, ist zur aktuellen Stufe der Entwicklung des Kapitalismus Rassismus eine bedeutsame und förderliche Variable. Das könnte möglicherweise dann anders sein, wenn sich die Arbeits- und Lebensbedingungen – also insbesondere die Löhne – zwischen unterschiedlichen geographischen Regionen angleichen würden. Dann könnten auch Menschen, die rassistisch nicht diskriminiert werden, kapitalistisch als produktiver erscheinen.

Zentrum und Peripherie im Kontext:
Die Überausbeutung des globalen Südens

In marxistischen und in queer-feministischen Analysen des globalen Nordens wurde bislang – wie bereits angeführt – vielfach vernachlässigt, wie globaler Norden und globaler Süden innerhalb des Kapitalismus notwendig miteinander verwoben sind. War es über globale Handelsbeziehungen für den Kapitalisten möglich, Gewinn zu erzielen, weil er in der privilegierten Position war etwa über ein Schiff zu verfügen und damit in entfernten Regionen hergestellte Waren beschaffen und aus ihrer Knappheit einen Gewinn ziehen zu können, geriet ein solches Handelssystem jedoch rasch an seine Grenzen. Zentral war es für die stete Akkumulation, dass sich der Kapitalist in die Gewalt von immer mehr Arbeitskraft von Menschen brachte, die die Neuinvestition des erzielten Gewinns und damit weiteren Gewinn ermöglichten.

Diese Aneignung der Arbeitskraft vieler Menschen erfolgte nicht ‹nur› dadurch, dass Menschen in Europa in Manufakturen gezwungen und durch Produktivitätssteigerungen immer größere Warenmengen erzeugt wurden, sondern insbesondere durch eine Kolonialisierung der übrigen Welt (vgl. u. a. Davis 1982 [1981]: 7ff; Mamozai 1989 [1982]: 43ff, 107ff). Das wird schon dadurch schlüssig gezeigt, dass eine immer größere Produktion von Gütern durch mechanische und industrielle Produktivitätssteigerung eine stetig wachsende Erzeugung von Rohstoffen nach sich zog. So wie die beschriebene Produktivitätssteigerung der Weberei bedeutete, dass auch die Produktivität der Spinnerei erhöht werden musste, so ist für beide gleichermaßen grundlegend, dass auf Plantagen immer größere Mengen an Baumwolle gewonnen wurden. Das wurde dadurch erreicht, dass einerseits immer ausgedehntere geographische Bereiche kolonial unterworfen und die Arbeitskraft der Menschen angeeignet, andererseits die Fläche der Plantagen immer stärker ausgedehnt wurde. Gleiches gilt für Bergwerke, in denen erst die Erze gewonnen werden mussten, die schließlich in immer größerem Maße zu Fertigprodukten verarbeitet werden konnten. Um es aktuell zu sagen: Die stete Absatzsteigerung von Autokonzernen wie Volkswagen basiert selbstverständlich auf der ständigen Ausweitung der Ausbeutung von Erzminen durch (schlecht entlohnte) Arbeitende. Die Erfolgserzählungen der Industrialisierung Europas sind also notwendig erkauft durch die Versklavung eines Großteils der weltweiten Bevölkerung, sei es durch vollständige Entrechtung der Menschen durch direkte Sklaverei oder durch ihre abhängige Anstellung und Abpressung der von ihnen erzeugten Waren (vgl. Mamozai 1989 [1982]: 43ff). Wie es Marx im *Kapital* ausdrückt: «Überhaupt bedurfte die verhüllte Sklaverei der Lohnarbeiter in Europa zum Piedestal die Sklaverei sans phrase ‹ohne Hülle› in der neuen Welt.» (MEW 23: 246)

Ansteigende Verkaufszahlen von Produkten der Unternehmen und Wachstumsraten der Wirtschaft basieren immer auf menschlicher Arbeitskraft und ihrer extensiven Ausbeutung. Das was Hito Steyerl plastisch für die aktuellen Verhältnisse beschreibt, gilt für den globalen Süden generell – von Anbeginn der Kolonialisierung durch den globalen Norden. Seine Fabriken fanden und finden insbesondere «in den Minen» und auf «den Feldern» statt (Steyerl 2011 [2008]: 9f). Mit den Arbeitskämpfen und ihren regionalen Erfolgen hat sich lediglich ergeben, dass es im Interesse der Gewinnsteigerung der Kapitalisten sein kann, nicht nur die Produktion der Rohstoffe, sondern auch ihre fabrikmäßige Weiterverarbeitung in den globalen Süden zu verlagern (vgl. Gültekin 1985; Ngai 2010; Ngai 2013). Hingegen werden im globalen Norden über eine größere Dienstleistungsorientierung andere Gewinnmöglichkeiten erschlossen, mit denen auch Lebensweisen einhergehen, die weniger ‹fabrikmäßig› orientiert sind.

Eine Veränderung kapitalistischer Verhältnisse, wie sie regional wahrgenommen werden kann, etwa in größerer Dienstleistungsorientierung, Flexibilisierung, Individualisierung und der stärkeren Betonung von Kreativität, die zu neuen Techniken, gedruckten Büchern, kulturellen Gütern etc. führt (vgl. Wagenknecht 2005), findet innerhalb des kapitalistischen Systems stets auf der Grundlage statt, dass andernorts Arbeitskraft immer fabrikmäßiger organisiert und ausgebeutet wird (vgl. Steyerl 2011 [2008]: 9f; Ngai 2010; Ngai 2013). Auch das kann ‹individualisiert› und keineswegs in festen Familienverhältnissen erfolgen (so leben zahlreiche der Wanderarbeiter_innen gerade nicht in ‹traditionellen Familienstrukturen› zusammen), bedeutet aber eine immer intensivere Ausbeutung der Arbeitskraft und die stärkere Festlegung der Menschen auf diese und nur auf diese.

Vor diesem Hintergrund müssen Analysen und Kritiken immer international sein. So wird in der Bundesrepublik Deutschland in weißen linken und emanzipatorischen Kreisen mittlerweile zwar weithin diskutiert, dass die Arbeit der weißen Frauen im globalen Norden geringer entlohnt ist als die der weißen Männer und wie Reproduktionsarbeit dort insbesondere von Frauen geleistet wird, schlecht entlohnt ist und gesellschaftlich gering geschätzt wird (vgl. für einen Überblick: Federici 2012; Haug 2002; Weiss 2010). Auch kommt zaghaft in den Blick, dass es auch im globalen Norden Menschen gibt, die durch rassistische Organisation sowohl in Bezug auf Arbeit als auch auf Reproduktionsarbeit überausgebeutet werden – Schwarze Menschen und People of Color. Aber den globalen Kontext zu vergessen wäre hoch problematisch: Denn die allermeiste Reproduktionsarbeit für die Arbeitskraft im globalen Norden wird von Menschen im globalen Süden geleistet, die unter erbärmlichen Bedingungen und zu schlechten Löhnen Rohstoffe, Rohprodukte und Fertigprodukte erzeugen. Ohne Sojaherstellung etwa für Fleisch- oder Tofuschnitzel, ohne Reis, Mais, Tomaten etc., Obst und Gewürze, ohne geschürftes Erz für die abendlich genutzten technischen Geräte wie Fernseher, Geschirrspüler, Computer und die Komponenten des Telefons zur liebevollen oder hastigen Kommunikation, ohne Spielzeug, Spielkonsolen und Textilien, ohne die hergestellten Rohstoffe der Energieerzeugung etc. fände keine der aktuellen Reproduktionsarbeiten im globalen Norden statt. Erst durch die Überausbeutung des globalen Südens gelingt aktuell das Leben im globalen Norden (vgl. u. a. Gültekin 1985). Denn gehen wir mit Samir Amin von einem «global einheitlichen Wert[] der Arbeitskraft» aus (Amin 2012 [2010]: 45), so wird der relative Wohlstand auch der Arbeitenden im globalen Norden *(bei ihrer relativen Armut im Vergleich zu den dortigen Besitzenden)* dadurch erreicht, dass im globalen Süden ungleich geringere Löhne und schlechtere Lebensbedingungen für die Arbeitenden existieren. Würde im globalen Süden der gleiche Lohn pro Arbeitsstunde gezahlt wie im globalen Norden – sagen wir beispielsweise, 10 Euro –, so wäre eine unglaubliche Verarmung der Arbeitenden im Norden die Folge. Auch dort würden die Arbeitenden 10 Euro pro Stunde erhalten, aber sie würden nicht mehr von der Überausbeutung der Arbeitskraft der Menschen des Südens profitieren.

Beachtenswert ist, dass wir in der historischen Betrachtung immer wieder auf die Bedeutung von Textilien stoßen – die Bedeutung der Weberei, der Spinnerei, der Baumwollproduktion. Das deutet darauf hin, dass sich die Grundlage der Produktion von Mehrwert gar nicht so fundamental geändert hat, wie es einigen im kapitalistischen Zentrum erscheint. Vielmehr ist nach wie vor die Rohproduktion – die Herstellung von Baumwolle, der Anbau von Nahrungsmitteln, das Schürfen von Erzen und die Produktion von Baustoffen und Energieträgern – die unentbehrliche Grundlage der kapitalistischen Akkumulation und zugleich der Bereich, in dem die geringsten Löhne und die schlechtesten Lebensbedingungen aufrechterhalten werden.

Kämpfe im globalen Norden, die erfolgreich sind, sollten also immer mit Blick auf die Peripherie erfolgen – es müssen international Verbesserungen der Lebensbedingungen erstritten werden. Und in letzter Konsequenz wird durch den internationalen Blick deutlich, dass Kapitalismus nicht ‹gerecht› funktionieren kann und immer davon lebt, dass die Masse der Menschen in verelendeten Verhältnissen leben muss. Die Annahme und ‹Verniedlichung› einer ‹sozialen Marktwirtschaft›, eines ‹grünen Kapitalismus› vergisst diese globalen Zusammenhänge und das Wesen des Kapitalismus, stetig Gewinn und immer mehr Gewinn zu erzielen. Samir Amins Feststellung, dass Arbeitskraft weltweit den selben Wert hat, dass eine ungleiche Entlohnung eine massive rassistische Diskriminierung darstellt, bringt damit deutlich in den Blick, dass es tatsächlich und global darum gehen muss, den Kapitalismus zu überwinden – diese «Lesart macht den Marxismus genau an diesem Punkt subversiv» (Amin 2012 [2010]: 45).

Kulturelle Kolonialisierung –
Fokus Geschlecht und Sexualität

Kolonialismus bedeutet die Unterjochung und Ausplünderung weiter Teile Asiens, Afrikas und Amerikas durch Europa. Viele Millionen Menschen wurden von den europäischen Kolonialmächten aus Afrika insbesondere nach Amerika verschleppt und dort – versklavt – insbesondere zur Arbeit auf Plantagen und in Haushalten gezwungen. Dabei wurde auf das Leben der Menschen keine Rücksicht genommen: Schon bei der Verschleppung in Sklaverei und bei den Märschen zu den Küsten starben 30 bis 50 Prozent der verschleppten Menschen, bei den Transporten kamen noch einmal 30 bis 50 Prozent der Verbliebenen ums Leben. Die übrigen wurden unter erbärmlichen Bedingungen und bei schlechter Ernährung zur Arbeit gezwungen. Bei geringstem Ungehorsam wurden sie oft drastisch bestraft oder gar bestialisch ermordet (vgl. Brentjes 1963: 209ff; Mamozai 1989 [1982]: 43-58, 119-124; Davis 1982 [1981]: u. a. 14, 23f).

Oft wird gerade in der Bundesrepublik Deutschland der Anteil unterschätzt, den Deutschland an der Kolonialisierung der Welt hatte und hat (vgl. Mamozai 1989 [1982]; Oguntoye et al. 1997 [1986]; Ha 2012 [2003]: 57–63). Deutsche Kaufleute und Fürsten nahmen bereits seit dem 16. Jahrhundert an den europäischen kolonialen Unternehmungen teil – u. a. segelten deutsche Kaufleute nach Indien und wurde Venezuela 1528 «zur Hauskolonie des Handels- und Bankhauses Welser» (Mamozai 1989 [1982]: 11ff). Kurfürst Friedrich Wilhelm von Brandenburg ließ 1683 an der afrikanischen «Goldküste» die Festung «Groß-Friedrichsburg» «als Vorposten deutscher kolonialer Macht errichten» (ebd.: 12). Spätestens seit dem 17. Jahrhundert engagierten sich deutsche Kaufleute und Fürsten auch im Sklavenhandel (Walgenbach 2009 [2005]: 378f; Mamozai 1989 [1982]: 12ff). Schließlich organisierte sich Deutschland als Nationalstaat Kolonien in Afrika, Ozeanien und China. Die Lebens- und Arbeitsbedingungen waren schrecklich – für die von Deutschland unterworfenen Länder wird für Beginn des 20. Jahrhunderts berichtet:

Fast überall waren die Arbeitsbedingungen für die kolonialisierten Menschen miserabel: schlechte Ernährung, unzureichende

Gesundheits- und Krankenbetreuung, Prügelstrafen und Miß-
handlungen, zwölfstündige und längere Arbeitstage, niedrigste
Löhne kennzeichneten dieses Ausbeutersystem. [...] In einem
Protokoll des Vorstands des «Vereins Westafrikanischer Kauf-
leute» aus dem Jahre 1913 ist die folgende Aussage des Kauf-
manns Vietor anläßlich seines Besuchs in Kamerun vermerkt:
«... über die Sterblichkeit kann ich leider keine genauen Zahlen
geben [...]. Während ich voriges Jahr in Kamerun war, wurde
mir erzählt, daß auf der Tiko-Pflanzung 50 oder 75 Prozent der
Arbeiter in sechs Monaten gestorben seien, was auch von den
Leitern zugegeben wurde.» (Mamozai 1989 [1982]: 47)

Gerade die deutsche Industrie profitierte von der Ausbeutung
der Arbeitskräfte der von Deutschland und Europa kolonisierten Welt zur Herstellung von Rohstoffen für die Manufaktur-
und Industrieproduktion. Unter anderem die deutsche Spinnerei und Weberei forderten Baumwolle in immer größerem
Umfang. Es ging den deutschen Kolonialisten um Arbeitskräfte
und die Funktionalisierung der Menschen zu Arbeitskraft. Die
«Arbeiterfrage» war für sie «die körperliche Unterwerfung, die
Anzahl der Arbeitskräfte, die auf Grund des Widerstandes, der
hohen Todesraten und des Gebärstreiks der Frauen am Arbeits-
kräftebedarf der Kolonialisten gemessen immer zu niedrig war»
(Mamozai 1989 [1982]: 52). Reichspräsident Paul von Hinden-
burg erklärte noch 1932 diesen Zusammenhang zwischen den
kolonisierten Regionen und der deutschen Industrie: «Ohne
Kolonien keine Sicherheit im Bezug von Rohstoffen, ohne Rohstoffe keine Industrie, ohne Industrie kein ausreichender Wohlstand. – Darum, Deutsche, müssen wir Kolonien haben.» (zit.
nach: Mamozai 1989 [1982]: 27; vgl. auch: Opitz [Ayim] 1997
[1986]: 29ff; Ha 2012 [2003]: 68f, 72–81).

Aber der Profit der deutschen Industrie ist bei weitem nicht
der einzige Aspekt der deutschen Beteiligung am Kolonialismus
und seinen heutigen Auswirkungen: Die deutsche Wissenschaft
‹erkundete› die Kolonien – und ist zentral mit dem Abfassen
‹exotischer› Reiseliteratur und der Erarbeitung der rassistischen
Unterscheidung der Menschen verbunden (vgl. u. a. Mamozai
1989 [1982]: 60ff, 258ff; Walgenbach 2009 [2005]: 378f). Der
deutsche Naturforscher Johann Friedrich Blumenbach (1752–
1840) war der Erste, der eine Einteilung der Menschen in ‹Rassen› vorschlug. Nachfolgend wurde diese Unterscheidung wei-

ter zementiert – wurden Menschen für wissenschaftliche Untersuchungen ermordet und ihre Schädel zur Vermessung nach Deutschland verbracht. Noch immer lagern allein in der Charité Berlin 7000 Schädel aus solcher rassistischer Forschung – erst im Herbst 2011 wurden erste Schädel an Namibia zurückgegeben (vgl. Küpper 2011; Becker 2011). Allein bei den Aufständen der Herero und Nama im von Deutschland kolonisierten südlichen Afrika – dem heutigen Namibia – wurden 100.000 Menschen ermordet.

Die Beschreibung physischer und physiologischer Unterschiede zwischen Menschen ist zentraler Bestandteil von rassistischer Unterwerfung Schwarzer Menschen durch weiße Euro-

---

Genozid an den Herero und Nama – Auszug aus der Zeugenaussage von Manuel Timbu

«Auf unserer Rückfahrt hielten wir wieder in Hamakari. Dort, in der Nähe einer Hütte, sahen wir eine alte Herero-Frau von etwa fünfzig, sechzig Jahren, die in der Erde nach wilden Zwiebeln grub. Von Trotha und seine Leute waren anwesend. Ein Soldat mit Namen König sprang von seinem Pferd und schoß der Frau mitten durch die Stirn. Bevor er sie erschoß, sagte er: ‹Ich werde dich töten.› Sie schaute nur auf und sagte ‹danke›. Jene Nacht schliefen wir in Hamakari. Am nächsten Tag zogen wir weiter und trafen auf eine andere Frau, ungefähr dreißig Jahre alt. Sie war ebenfalls damit beschäftigt, wilde Zwiebeln zu graben und nahm unsere Anwesenheit nicht zur Kenntnis. Ein Soldat namens Schilling ging auf sie zu und schoß sie in den Rücken. Ich war Augenzeuge von allem, wovon ich berichtet habe. Darüber hinaus sah ich die blutenden Körper von Hunderten von Männern, Frauen und Kindern, alten und jungen, die entlang der Straße lagen, als wir vorbeikamen. Sie waren alle von unserer Vorhut getötet worden. Ich war fast zwei Jahre bei den deutschen Truppen und immer mit General von Trotha. Ich weiß von keinem einzigen Mal, bei dem Gefangene am Leben gelassen worden wären.» (Zit. nach: Mamozai 1989 [1982]: 121)

päer_innen und weiße Deutsche. Die Menschen der kolonisierten Regionen wurden als ‹wild› und ‹barbarisch› beschrieben und hierbei insbesondere Geschlechter- und Sexualitätsstereotype konstruiert. Zugeschrieben wurde ihnen von der kolonialen Wissenschaftsliteratur eine geringere Ausprägung binärer Geschlechterdifferenzen, eine größere ‹Verweiblichung› insbesondere der Männer des Orients (aber auch der männlichen Juden in Europa) und ein größerer Hang zu gleichgeschlechtlichen sexuellen Kontakten. In anderem Kontext wurde ihnen von der kolonialen Literatur hingegen ‹Aggressivität›, ‹Promiskuität› und ‹Hypermaskulinität› konstruiert, Schwarze Männer wurden von den Weißen als potenzielle Vergewaltiger und Bedrohung für weiße Frauen stilisiert. (Vgl. u. a. Said 2003 [1978]; Davis 1982 [1981]: 88f, 165ff; El-Tayeb 2012 [2003]: 130f; Castro Varela/Dhawan 2005b: 48f; AG Gender Killer 2005; Petzen 2011 [2005])

Heute findet die rassistische Zuschreibung oft ‹subtiler› statt: So ist ‹exotisch› aktuell einer der zentralen rassistischen Begriffe. Häufig in Reiseprospekten zu finden, ist seine Verwendung darauf gerichtet, geographische Regionen und ihre Menschen als ‹Anderes› zu präsentieren, das zu ‹entdecken› und zu ‹erkunden› wäre (Gleissner-Bonetti 2012). Die Stereotype sind dabei erhalten geblieben: Noch immer schreiben Weiße Schwarzen Männern wahlweise ‹Hypermaskulinität› oder ‹Verweiblichung› zu (vgl. u. a. El-Tayeb 2012 [2003]: 130f; AG Gender Killer 2005; Petzen 2011 [2005]). Noch immer präsentieren sich Weiße – und nun auch explizit weiße Lesben und Schwule (vgl. u. a. Haritaworn 2005; Petzen 2011 [2005]; Haritaworn 2009; Yılmaz-Günay [Hg.] 2011b) – als ‹Heilsbringer_innen›, die die ‹armen Menschen› des globalen Südens aus ‹Barbarei› befreien und insbesondere Schwarze Frauen und Queers of Color vor Schwarzen Männern schützen müssten. Damit tragen sie die hegemonialen Erzählweisen des Kolonialismus weiter. 1990 konterte die Schwarze deutsche Journalistin und Autorin Sheila Mysorekar diese Bestrebungen:

Weiße Feministinnen machen erfahrungsgemäß – [S]chwarzer Erfahrung gemäß – [S]chwarzen Frauen unmißverständlich klar, mit wem sie sich vorrangig zu solidarisieren haben: mit weißen Frauen, selbstverständlich. «Schließlich sind wir ja alle dem Sexismus ausgesetzt.» Das ist richtig. Keine [S]chwarze Feministin wird dies bestreiten. Hingegen greifen wir an, was hinter dieser Argumentation steckt: Die Hierarchisierung von Unterdrückung. *Schwarze Frauen werden gleichermaßen durch Sexismus und Rassismus diskriminiert. Keine Unterdrückung ist weniger schlimm als die andere! [...] Bevor ich uneingeschränkt mit weißen Frauen gegen Sexismus kämpfen kann, fordere ich von ihnen, sich mit ihrem Rassismus auseinanderzusetzen. Sonst bleibt jede Solidarisierung oberflächlich und fragwürdig.*

Dasselbe gilt für die Zusammenarbeit mit [S]chwarzen Männern im Kampf gegen den Rassismus. Kein [S]chwarzer Mann kann auf die Solidarität [S]chwarzer Frauen hoffen, wenn er nicht bereit ist, seinen Sexismus zu bekämpfen. Diese Auseinandersetzung muß allerdings unter Schwarzen – in diesem Falle unter [S]chwarzen Deutschen bzw. AusländerInnen in der Bundesrepublik – selbst geführt werden. In diesem Prozeß sind Unterstützung und Erfahrungsaustausch notwendig. Aber was wir nicht brauchen, sind feministische Ersatzmütter. (Mysorekar 1990: 22; Hervorhebung im Orig.)

Die Aktivistin, Sozialwissenschaftlerin und Philosophin Angela Davis zeigt in *Women, Race & Class* (1981; dt. 1982: *Rassismus und Sexismus: Schwarze Frauen und Klassenkampf in den USA*), wie die koloniale Erzählweise funktioniert: Auch nach der Sklavenbefreiung in den USA änderte sich die Situation der Schwarzen Frauen und Männer in der Gesellschaft nicht – vielmehr mussten Schwarze Menschen noch immer die schlechtesten Tätigkeiten insbesondere in der Landwirtschaft erledigen und als Hausangestellte arbeiten. Stete Bedrohung war für weibliche Hausangestellte, dass sie von dem Hausherren sexuell missbraucht wurden. Vor Gericht wurde ihnen nach einem sexuellen Übergriff kein Glauben geschenkt. Gleichzeitig etablierte sich auf Basis der sexuellen Übergriffe durch die weißen Männer der Mythos der ‹Amoralität› und ‹Promiskuität› der Schwarzen Frauen. Dies wurde wiederum in der weißen Erzählung in den Kontext mit dem erniedrigenden Dienstverhältnis gesetzt: «[J]eder ‹anständige› weiße Mann hätte eher seiner Tochter die Kehle durchgeschnitten, als ihr zu erlauben, eine Arbeit als Hausangestellte anzunehmen» (Davis 1982 [1981]: 89). Die Schuld für sexuelle Übergriffe und Vergewaltigungen durch weiße Männer wurde also den weiblichen Hausangestellten zugeschrieben und im Umkehrschluss eine Mahnung abgeleitet, dass weiße Frauen in solchen Dienstverhältnissen nicht tätig sein sollten.

Ähnlich funktionierte die Machtausübung von Weißen in den USA auch gegenüber Schwarzen Männern – und auch dies nach der Sklavenbefreiung. Allein wenn eine weiße Frau einen Schwarzen Mann der Vergewaltigung bezichtigte, war dieser de facto schuldig und der Urteilsspruch durch das weiß besetzte Gericht nur eine Formsache – oder es wurde von Weißen gleich Lynchjustiz geübt. Den Aussagen von Schwarzen Frauen und Männern wurde vor Gericht kein Glauben geschenkt. Die Literaturwissenschaftlerin und feministische Aktivistin Tobe Levin, die an Universitäten in den USA und in der BRD an der Universität Frankfurt/Main lehrt, arbeitet heraus, wie weiße Frauen diese Macht über Schwarze Männer nutzen konnten und nutzten: «Terrorisiert wurde die ganze [S]chwarze Gemeinschaft *im Namen der weißen Frau*: Gelyncht wurde derjenige, der eine Weiße vergewaltigt haben sollte. Mit ihren verbalen Anschuldigungen hat jede weiße Frau Macht über die [S]chwarze Gruppe ausüben können. Daß der überwiegenden Mehrzahl von Lynchmorden keine Vergewaltigung vorausgegangen ist, ist durch die Arbeit von Aktivistinnen wie Ida B. Wells-Barnett bekannt.» (Levin 1990: 62; Hervorhebung im Original) Abgesehen davon, dass Weiße so Lynchmorde, Hinrichtungen und langjährige Zuchthausstrafen gegen Schwarze Männer verhängten und der Unterdrückung Schwarzer Frauen und Männer auf Basis sexueller Zuschreibungen auch nach Ende der Sklaverei Dauer verliehen, reichen die Wirkungen bis heute. Erhalten haben sich die weißen Stereotype der ‹promisken Schwarzen Frau› und des ‹hypermaskulinen› und ‹bedrohlichen Schwarzen Mannes›, die antirassistische und antisexistische Kämpfe mit weißen Beteiligten verhindern oder zumindest erschweren.

Der Arabist Thomas Bauer erläutert die geschlechtlich-sexuellen Zuschreibungen der europäischen Kolonisator_innen für Arabien und dort explizit für gleichgeschlechtliche sexuelle Handlungen unter Männern genauer. ‹Weltreisende› aus dem Westen zeigten sich über den Umgang der arabischen Männer untereinander entsetzt. So berichtete der Naturkundler und ehemalige Ingenieur in der französischen Kriegsmarine Charles Sonnini: «Die Liebe wider die Natur (…) bildet das Vergnügen, oder sagen wir besser, die Infamie der Ägypter. (…) Eine derartige Entsittlichung, die ihnen, zur Schande von zivilisierten

Nationen, überhaupt nicht fremd ist, findet sich in Ägypten allgemein verbreitet: Die Reichen sind davon ebenso infiziert wie die Armen.» (vgl. Klauda 2008: 17f) Solche Berichte prägten den weißen Blick. Den Männern in arabischen Ländern wurden von weißen Männern ‹Entsittlichung› und hier auch ‹Verweiblichung› zugeschrieben. Zugleich wurden diese Ansichten aber auch von den arabischen Gelehrten aufgenommen und erschien diesen nun die eigene, die arabische Geschichte als ‹entsittlicht›. Thomas Bauer führt aus: «Die europäische Rede vom Orient als stagnierend, zurückgeblieben und dekadent, die nicht zuletzt die eigenen imperialistischen Unternehmungen rechtfertigen sollte, wird schließlich im Nahen Osten gehört und aufgenommen.» (Bauer 2011: 305)

Analysieren Davis und Levin die Situation auf Basis von Materialien aus den USA und Bauer den französischen und englischen kolonisierenden Blick auf den arabischen Raum, so haben Martha Mamozai (1989 [1982]) und Katharina Walgenbach (2005) ausführlich für Deutschland untersucht, wie von den deutschen Kolonialherr_innen die Menschen in den Kolonien mit stereotypen Zuschreibungen belegt wurden. Auch weite Teile der bürgerlichen Frauenbewegung – bestehend aus weißen Frauen – sahen ihre Aufgabe darin, zu einer ‹Zivilisierung› der Menschen in den Kolonien beizutragen; nicht zuletzt betrachteten auch Teile der Sozialdemokratie Kolonien und die Unterwerfung der dort lebenden Menschen als wichtig für das Deutsche Reich, ebenfalls mit stereotypen Zuschreibungen. Mit Blick auf die Gründung des Frauenbundes erklärte etwa Lotte Hoppe rückblickend: «Der Zeitpunkt zur Gründung des Bundes war günstig gewählt. Die deutsche Frau ist heute durch den Zwang von Zeit und Verhältnissen so für das öffentliche Leben erzogen, dass sie nicht mehr abseits stehen kann, wenn es sich um Dinge von so grossem Werte für unser Volk, wie die Kolonien es sind, handelt.» (zit. nach: Walgenbach 2005: 143; vgl. auch: Mamozai 1989 [1982]: 135–157; Dietrich 2009 [2005]; Hoffrogge 2011: 167–180)

Geschlecht und Sexualität spielen bedeutende Rollen bei der europäischen Rechtfertigung der Kolonialisierung und der Konstruktion der Schwarzen Menschen und von People of Color als ‹Andere› im Vergleich zu den weißen europäischen Kolonisator_innen. Interessant ist es, auch einen Blick auf die aktuellen Beschreibungen zu werfen, mit denen militärische Invasionen in Länder gerechtfertigt und mit denen People of Color im globalen Norden stigmatisiert werden. Die Politikwissenschaftlerin Krista Hunt betitelte diese neuerliche Indienstnahme von Feminismus zur Durchsetzung imperialistischer Machtansprüche, analog zur Bezeichnung der vom Militär abhängigen Journalist_innen, als ‹Embedded Feminism› (Hunt 2006: 53; vgl. Engels/Gayer 2011: 18, 29). Doch zu Beginn des 21. Jahrhunderts wird nicht mehr nur «die Figur der zu befreienden subalternen Frau» bemüht, um militärische Interventionen zu rechtfertigen, vielmehr sind nun «auch Schwule und Lesben in den Blick imperialer Befreiungsrethorik im rechten wie im linken politischen Spektrum geraten» (Brunner 2011: 51; vgl. ausführlich: Puar 2008 [2007]; Haritaworn et al. 2011 [2006]). Mit der Befreiung von Frauen, Schwulen und Lesben argumentieren von rechter Seiten sogar solche Politiker_innen, die sich innerhalb der BRD massiv *gegen* den Abbau von Homosexuellen-Diskriminierung und die Gleichstellung von Frauen im Berufsleben wenden (vgl. Yılmaz-Günay 2012). Als noch problematischer erscheint uns jedoch, dass Linke die «imperiale Befreiungsrethorik» massiv unterstützen und vorantreiben.

Die kolonialistischen Zuschreibungen funktionieren bis heute: Schwarze und People of Color werden als ‹die Anderen› abgewertet und als ‹unzivilisiert› markiert, während der Westen, weiße Männer/Schwulen und Frauen/Lesben sich durch die Herabwürdigung ‹der Anderen› selbst erhöhen. Erst durch diese Abgrenzung erscheinen sich die Weißen selbst als ‹zivilisiert› – als Nebeneffekt werden sexistische Diskriminierung und Gewalt der Weißen, des Westens überdeckt. Das ‹Andere› wird als bedrohlich aufgebaut, und im gleichen Atemzug als begehrenswert fetischisiert:

Zur gleichen Zeit, da der Migrant dafür gescholten wird, vormodern zu sein und unfähig, sich zu integrieren, wird seine gewalttätige Natur in der mehrheitsdeutschen Schwulen-Community als sexuell unwiderstehlich fetischisiert. Die kolonialistische Imagination des unzähmbaren Primitiven wird im Hinblick auf Integration verachtet, bei einem Sexpartner aber begehrt; ‹Südländer› dürfen im Schlafzimmer auf keinen Fall zivilisiert sein. (Petzen 2011 [2005]: 40)

Die Erfindung der (Homo-)Sexualität – und das Regieren der Menschen

Die sexuellen Handlungen zwischen Menschen werden in Europa – und zunehmend mit der europäischen Moderne und den sich durchsetzenden kapitalistischen Verhältnissen – homogenisiert und Ziele des Regierens.

Die Problematisierung sexueller Handlungen kommt bereits mit dem sich durchsetzenden Christentum auf. So wird christlich der sexuelle Akt zwischen Frau und Mann als problematisch dargestellt und er dürfe nur ausgeführt werden, wenn er sich direkt auf die Fortpflanzung richte. Auch dann dürfe dabei keine Lust empfunden werden. Nicht der Fortpflanzung dienliche sexuelle Akte werden stigmatisiert und im Kirchenrecht als ‹Sodomie› verfolgt. Dazu zählen etwa gleichgeschlechtliche sexuelle Akte, anders- und gleichgeschlechtlicher Analverkehr und ‹Unzucht› mit Tieren. Mit der Problematisierung sexueller Akte geht im Christentum das unentwegte Sprechen über sexuelles Tun einher. Zentral für dieses Sprechen ist die Beichte, die nicht nur fordert, Lust zu gestehen, um von dieser befreit werden zu können, sondern verlangt, dass das sexuelle Tun in allen Einzelheiten geschildert wird. Diese Feststellung bildet den Ausgangspunkt der Studien Michel Foucaults über *Sexualität* (Foucault 1983 [1976]; Klauda 2008: 11, 82ff).

Mit der Beichte und der Problematisierung sexueller Handlungen etabliert die Kirche eine der zentralen Kontroll- und Regierungsweisen über Menschen – wenn auch mit begrenzter Wirksamkeit (Klauda 2008: 72). Zugleich sicherte sie ab, dass das Zusammenleben von Mann, Frau und Kindern und das sexuelle Tun zwischen Frau und Mann als Selbstverständlichkeit betrachtet wurden. Das ist insofern neu, als etwa in der griechischen und römischen Antike gerade nicht das gleichgeschlechtliche sexuelle Tun zwischen Menschen problematisiert worden war. Mit dem Geständniszwang der Kirche wurde die bei einer konkreten Handlung festgestellte Lust und – im Fall der ‹Sodomie› – die Handlung selbst Inhalt des Geständnisses. Hingegen wurde davon ausgehend keine Erzählweise etabliert, dass ein Mensch, der einmal sodomitisch gehandelt habe, nun immer so handeln müsste. Es wurde keine Regelmäßigkeit und keine klare Identität aus dem Tun abgeleitet, und Menschen definierten sich nicht darüber. Auch blieben die Auswirkungen des Geständniszwangs beschränkt – zahlreiche Menschen beichteten erst auf dem «Sterbebett» ihre «Sünden» (vgl. Klauda 2008: 72).

Verfolgungen wegen Sodomie erreichten erst zum Ende des Mittelalters und in der frühen Neuzeit größere Ausmaße, und es wurden auch erst dann in größerem Maße empfindliche Strafen bis hin zur Todesstrafe durchgesetzt. Aber Sodomie blieb auch dann ein weit gefasster Tatbestand, der sich eher auf eine Vielzahl von Aktivitäten richtete, als dass er klar gefasst war: «Masturbation, Koitus mit Tieren, Schenkel- oder Analverkehr mit Personen beiderlei Geschlechts und seltener auch sexuelle Laster zwischen Frauen» zählten unter Sodomie (Klauda 2008: 72). Die kirchlichen Beschreibungen der Sodomie waren dabei so abscheulich, dass sich für viele Menschen eben gerade keine eigene Lebensrealität damit verband. Freundschaften, auch sehr nahe und intime, erschienen überdies ohnehin als legitim. Georg Klauda schreibt mit Blick auf Nähe zwischen Männern: *Zugleich fiel die Figur des Sodomiten in der christlichen Rhetorik so monströs aus, dass sie der Lebenswelt der Menschen ähnlich entrückt blieb wie Werwölfe und Hexen. Freunde konnten sich daher küssen, Zärtlichkeiten austauschen und einander zu «Bettgenossen» machen, ohne damit auch nur den leisesten Verdacht auf sich zu lenken. (Klauda 2008: 79)*

Erst beginnend mit dem 18. Jahrhundert änderte sich dies grundlegend. So setzten intensive Debatten um die Masturbation ein – wurde sie als gefährlich und als Laster beschrieben. Zur gleichen Zeit entstanden – zeitweise, zum Beispiel in London – Gesellschaften, die explizit dem ‹Laster› der ‹Sodomie› den Kampf ansagten und tausende Menschen denunzierten (vgl. Klauda 2008: 82ff). Es kam zu Verfolgungswellen zuvor unbekannten Ausmaßes. Schließlich wurden in einem zunehmend medizinischen Diskurs über gleichgeschlechtliche sexuelle Handlungen – insbesondere unter Männern – die Anzeichen diskutiert, mit denen etwa Analverkehr klar erkannt werden könnte. Der zunächst eher unscharfe Tatbestand Sodomie wurde dabei immer weiter vereindeutigt (vgl. Voß 2013). Verbunden mit der zunehmenden Problematisierung war, dass nun selbst Handlungen naher Freundschaft unter Verdacht gerieten: Körperliche Nähe und Zärtlichkeiten zwischen Männern galten als verdächtig (weniger galt dies für den Kontakt unter Frauen, weil Frauen in modernen Diskursen zunächst weitgehend die Fähigkeit zu aktivem sexuellen Tun abgesprochen wurde). Mitte des 19. Jahrhunderts werden schließlich Begriffe geprägt, die im Sinne der heutigen Verwendung von ‹Homosexualität› gleichgeschlechtliche sexuelle Handlungen als klar umrissenen Bestand an Verhaltensweisen und – mit besonderer Bedeutung für das Deutsche Reich und Österreich-Ungarn – als Straftatbestand fassen (vgl. Klauda 2008: 82ff; Voß 2013).

Auffällig ist, dass mit dem Aufkommen der starren Identitäten ‹Homosexualität› (und ‹Heterosexualität›) eine «beispiellose[] Verknappung von Verhaltensweisen» einhergeht, die nun zugleich «als Ausdruck einer devianten sexuellen Identität konstruiert und wahrgenommen» werden (Klauda 2008: 13). Es gibt eine überraschende Parallele zwischen dieser Verknappung im Sexuellen und in den Tätigkeitsbereichen der Menschen: Während auf dem bäuerlichen Hof in feudaler Ordnung alle Mitglieder der Familie in alle Arbeiten einbezogen waren, wurden die Menschen mit dem Übergang in die Manufaktur und die Fabrik zunehmend auf eine Tätigkeit eingeschränkt, die nun auch klarer umrissen und voneinander getrennt wurden. Die – zunehmend uniforme – Lohnarbeit, nimmt fast den gesamten Tag ein, von ihr abgespalten und verknappt verschieben sich die Reproduktionsarbeiten in einen anderen, nicht entlohnten Bereich. Es ergibt sich eine klar identifizierte Aufspaltung der Lebensbereiche in den der Lohnarbeit hier, die übrigen einschließlich menschlicher Nähe, dort (vgl. u. a. Haug 2002; auch: Opitz [Ayim] 1997 [1986]: 24f).

Auffallend ist auch, wie in den bürgerlichen Diskursen des 19. Jahrhunderts gerade ‹Lasterhaftigkeit› und ‹Entsittlichung› der in den Fabriken und Bergwerken arbeitenden Bevölkerung als Motive etabliert werden. Die Privilegierten meinten, etwa bei den Bergarbeiter_innen drohe eine ‹Entsittlichung›, weshalb die Geschlechter voneinander geschieden und Frauen nicht untertage tätig sein sollten. Selbst diejenigen, die die schlechten Arbeitsbedingungen des Proletariats anprangerten und ändern wollten, verwiesen auf ihre ‹entsittlichende› Wirkung (u. a. MEW Bd. 2: 464f; Bebel 1950 [1879]: 188196; vgl. auch: Kuczynski 1963: 112ff). Diese Problematisierungen geben einen Hinweis darauf, wie die Diskussionen um menschliche Nähe und sexuelles Tun der Menschen bedeutsam waren und gerade mit ihrer Herabpressung zu Arbeitskraft verbunden sind. In der Manufaktur und der Fabrik sind Handlungen funktionalisiert und werden selbst Pausen und Toilettengänge restriktiv eingeschränkt. Es soll alles unterbunden werden, was die Arbeit im Akkord mindert. Das galt auch für sexuelle Handlungen, wobei die bürgerlichen Phantasien über das mögliche Tun der Lohnarbeitenden zentral waren.

In den kolonialisierten Regionen rückten ebenfalls die menschliche Nähe und das sexuelle Tun der Menschen als Ziele der Kolonialherrschaft in den Blickpunkt: Bereits für die Zeit seit dem 16. Jahrhundert ist nachgewiesen, wie europäische Kolonisatoren gleichgeschlechtliche sexuelle Handlungen der Menschen als ‹Sodomie› mit Hinrichtungen ahndeten. Das geschah regional unterschiedlich ‹konsequent› (Beemyn 2007 [2006]; Wallace 2007 [2006]: 250f). Gesetze und Bestimmungen gegen gleichgeschlechtliche sexuelle Handlungen gehen so vielfach auf die europäischen Kolonisatoren und schließlich – nationalstaatlich organisiert – auf die europäischen Kolonialmächte und ihre Erlasse zurück. Seit dieser Zeit und intensiviert seit dem 19. Jahrhundert versicherten sich dabei die Kolonisatoren ihrer eigenen vermeintlichen ‹Zivilisiertheit› und Überlegenheit, indem sie sich gegen die gleichgeschlechtlichen sexuellen Handlungen und insgesamt gegen die Ausdrucksweisen menschlicher Nähe der unterworfenen Menschen abgrenzten (Walther 2008; Schmidt 2008). Zentral war für die Kolonisatoren, Arbeitskraft auszubeuten. Ob Versklavung, Zwangsarbeit, teilweise auch ‹freie› Lohnarbeit (zu geringsten Löhnen, die kaum zum nötigsten Lebenserhalt reichten). Es ging immer und noch rücksichtsloser als in Europa um die «bedingungslose Unterwerfung» der Menschen, um «Disziplin, Arbeitsleistung» und auch um die «Anerkennung einer ‹deutschen› Überlegenheit und Herrschaft» (Mamozai 1989 [1982]: 52). Dabei wurden die gewachsenen Geschlechter- und Familienverhältnisse zerstört und durch die Vorstellungen der europäischen bürgerlichen ersetzt: Sofern nicht versklavt und unter direktem Zwang ausgebeutet, wurden ‹freie› Lohnarbeitende durch Vertreibung von ihrem Land ‹generiert›; Wanderarbeit breitete sich aus, Frauen erhielten – wenn überhaupt – geringere Löhne als Männer, traditionelle Arbeitsteilung auf den Höfen wurde durch die Abwesenheit der Männer zu *Frauenarbeit*, Trennung von Lohn- und Reproduktionsarbeit wurde durchgesetzt etc. (Mamozai 1989

[1982]: 108, 113ff; Joseph 1993: 78f). Das «üblich gewordene Wanderarbeiterwesen und die nach Geschlechtern getrennten Häuser im Gefolge dieser Arbeit» haben neue Lebensweisen und auch «neue Formen gleichgeschlechtlicher Beziehungen nach sich gezogen» (Wallace 2007 [2006]: 260). In den Bergwerken und auf den Plantagen wurden andere als die zuvor üblichen Aushandlungen für gleichgeschlechtliche sexuelle Handlungen nötig. Diese wurden keineswegs durchweg unterbunden, sondern teilweise durch «Regeln» kanalisiert, «um das reibungslose Funktionieren der Arbeitsprozesse zu garantieren» (ebd.).

Besonderes Augenmerk der deutschen Kolonisatoren galt der Fortpflanzung, um ausreichend Arbeitskräfte zur Verfügung zu haben – die Todesraten waren hoch (Menschen wurden von den weißen Kolonisatoren für Widerstand schwer misshandelt und oft ermordet!), und Suizide häuften sich. Widerstand gegen die Kolonisatoren war allgegenwärtig und als besonders wirkungsvoll erwies sich der ‹Gebärstreik› der unterdrückten Frauen: «Mit ihrer Entscheidung, für die Kolonialmacht keine Sklaven zu gebären, trafen die Frauen offensichtlich den zentralen Nerv der Kolonialisten, die doch händeringend ‹brauchbares Arbeitsmaterial› suchten» – und dafür schließlich sogar Anreize auslobten (Mamozai 1989 [1982]: 52f; vgl. auch: Davis 1982 [1981]: 11f). Während selbst der Bedarf an Arbeitskräften die deutschen Kolonisatoren nicht dazu verleitete, die Folterungen und Hinrichtungen der ausgebeuteten Menschen zu verringern oder gar ganz zu unterlassen, wurde Fortpflanzung zu einem zentralen Interventionsfeld. Es zeigten sich Zwang und Anreiz, nicht weniger bedeutsam sind aber auch hier die Veränderung der Familienverhältnisse mit zunehmend getrennten Tätigkeits- und Lebensbereichen von Frauen und Männern.

Mit der Durchsetzung von Wanderarbeit, Zwangsarbeit und ‹freier› Lohnarbeit wandelten sich so auch die Familienverhältnisse und Lebensweisen. Die Aufwertung der für männlich erklärten Lohnarbeit, analog dem europäischen Modell, bedeute auch die Abwertung und Abhängigkeit der Frauen. Gleichzeitig mussten Menschen anderweitig zu menschlicher Nähe kommen – individueller und fernab familiärer Strukturen (vgl. Mamozai 1989 [1982]: 113ff). In Europa zeigte die Funktionalisierung der Menschen, verbunden mit zunehmender Urbanisierung und Aufteilung der Lebensbereiche, bezogen auf gleichgeschlechtliches sexuelles Begehren ebenfalls Auswirkungen. Mit den konkreten Lebensbedingungen geht das Interesse von gleichgeschlechtlich sexuell Begehrenden einher, sich an bestimmten definierten Orten treffen zu können. ‹Freie Lohnarbeit›, eine entsprechende Aufteilung und Funktionalisierung der Lebensbereiche und Urbanisierung gehen dort zusammen mit identitärer Selbstverortung. Wie beim Gang in die Manufaktur und Fabrik sind also restriktiver Zwang und Gewalt nur eine Seite der Medaille, auch wenn sie anfangs klar überwiegen. Aber einerseits lernen die Menschen, sich so zu verhalten, dass ihnen keine Sanktion droht. Andererseits geben die Lebensumstände den Rahmen möglicher Verhaltensweisen vor. Zusammen genommen und mit Antonio Gramsci und Michel Foucault gesprochen handelt es sich also nicht nur um restriktives Regieren durch Zwang, sondern um neue Regierungsweisen, aufbauend insbesondere auf *Selbsttechnologien*.

Das Interesse richtete sich mit den kapitalistischen Verhältnissen auch in Europa selbst auf einen ausreichenden Bestand an Arbeitskraft und – mit den aufkommenden Nationalstaaten – auf eine möglichst große Bevölkerung des jeweiligen Landes. Die Fortpflanzung der Menschen und seit Ende des 19. Jahrhunderts auch einige physische und physiologische Merkmale – die Männer des Proletariats sollten insbesondere militärtauglich sein – wurden zunehmend Ziele des Regierens. Nähe, Freundschaft und sexuelle Handlungen der Männer wurden militärisch sanktioniert und so Gehorsam durchgesetzt (vgl. Buchterkirchen 2011: 13–21). Unter dem Begriff *Bevölkerungspolitiken* ist die Festlegung der Menschen auf Lohnarbeit, Fortpflanzung und nationale (gerade auch militärische) Interessen, anknüpfend an Michel Foucault, näher gefasst und mittlerweile Bestandteil weitergehender sozial- und politikwissenschaftlicher Analysen (vgl. Foucault 1977 [1975]; Foucault 1983 [1976]; Lemke 2007).

Disziplinierung, Zurichtung, Auslöschung – die Rolle von Biologie und Medizin

Vor dem Hintergrund der Funktionalisierung der Menschen zu Arbeitskraft ist ein Blick auf Biologie und Medizin unumgänglich. Diese Wissenschaften sind die Instanzen, mit denen in der bürgerlich-kapitalistischen Gesellschaft die Position der Menschen und ihre gesellschaftlichen Möglichkeiten festgelegt wurden und werden. Zentral waren diese Disziplinen bei der rassistischen und klassistischen Einteilung der Menschen. Die bürgerlichen Wissenschaftler führten aus, dass sich People of Color und Menschen der arbeitenden Klasse in ihren physischen Merkmalen und geistigen Fähigkeiten von weißen bürgerlichen Frauen und Männern unterscheiden würden und gesellschaftlich hinter diesen zurückstehen müssten. Sie zu regieren, von politischer Teilhabe auszuschließen und People of Color in kolonialisierten Gebieten gar zu versklaven, wurde auf Basis biologischer und medizinischer Zuschreibungen legitimiert. (Vgl. u. a. Gould 1983 [1981]; AG Gender Killer 2005; AG gegen Rassismus 2009)

Als Ideal des Menschen wurde in den Wissenschaften der weiße bürgerliche Mann dargestellt. Selbst die privilegierte bürgerliche weiße Frau wurde als ihm unterlegen entworfen und ihre Position, ihre gesellschaftliche Mitwirkung, ihr Tätigkeitsfeld wurden eingeschränkt. Bürgerliche Frauen wurden so (zunächst) generell von der Wissensproduktion ausgeschlossen (vgl. u. a. Honegger 1991; Schmersahl 1998; Voß 2010) – für Menschen der Arbeiterklasse und für Menschen aus den kolonialisierten Regionen galt der Ausschluss auf Grund von Armut bzw. Hautfarbe generell.

Auch bzgl. der Problematisierung sexueller Handlungen und der ‹Erfindung› sexueller Identitäten spielten Biologie und Medizin zentrale Rollen. Auf Basis dieser Disziplinen wurden nichtreproduktive und insbesondere gleichgeschlechtliche sexuelle Handlungen problematisiert, sogar das entsprechende Begehren bot nun Anlass zu genauerer Untersuchung und für Vorkehrungen. Das Interesse der Forschenden in Biologie und Medizin richtete sich darauf, sexuelle Handlungen klar zu identifizieren und zu klassifizieren. Menschen wurde selbst auf Grund einer einmaligen gleichgeschlechtlichen sexuellen Handlung oder des Begehrens danach eine Persönlichkeitsstruktur zugeschrieben.

Die Wissenschaftler stritten über den ‹angeborenen› oder ‹erworbenen› Charakter solchen Begehrens und mögliche Vorkehrungen. Schließlich sannen zahlreiche Biologen und Mediziner (später Biolog_innen und Mediziner_innen) seit dem beginnenden Homosexualitätsdiskurs darüber nach, wie ‹Homosexualität› vorgeburtlich ‹verhindert›, ‹betroffene› Menschen ‹kuriert› oder umerzogen werden könnten. (Vgl. Voß 2013)

Benennen und Identifizieren betraf aber nicht nur die ambiguen sexuellen Handlungen, die nun in klar trennbaren Identitäten vorlagen. Vielmehr waren eine Vielzahl von Merkmalen betroffen, die als nicht der Norm entsprechend betrachtet wurden. Menschen wurden für wahnsinnig erklärt, ‹Depression›, ‹Hysterie› und andere ‹Erkrankungen› fassten nun bestimmte Eigenschaften von Menschen, die (zu weit) von dem Ideal des weißen bürgerlichen Mannes (und der weißen bürgerlichen Frau) abwichen. Für Geschlecht ist dies noch in Bezug auf seine Ambiguität bedeutsam. Waren zuvor – etwa im europäischen Mittelalter – Menschen, die offensichtlich weibliche und männliche geschlechtliche Merkmale in sich vereinigten, als Einzelerscheinungen wahrgenommen wurden, über die sich die Bevölkerung und die bestimmenden herrschaftlichen Instanzen nicht einmal besonders verwundert zeigten (vgl. Rolker 2013), so trachteten die Forschenden der modernen Biologie und Medizin danach, die Merkmale genau zu klassifizieren, als ‹Abweichungen› und ‹Störungen› zu diskreditieren und die Ursachen ihrer Entstehung zu erforschen. Auch hier verfolgten und verfolgen die Wissenschaftler (später Wissenschaftler_innen) das Ziel der Auslöschung. Das Verständnis der Entwicklungswege sollte es ermöglichen, nur geschlechtliche Merkmale, die der bürgerlichen Norm entsprachen, zur Ausprägung gelangen zu lassen. Nur ‹typisch weibliche› bzw. ‹typisch männliche› Entwicklung war gewollt, nicht dieser Norm entsprechende sollte abgebrochen werden. Bei Menschen, die mit nicht der Norm entsprechenden Genitalien geboren wurden (und werden), sollten die Genitalien mit medizinischer Gewalt passend gemacht werden. (Vgl. u. a. Klöppel 2010; Voß 2010: 188ff; Voß 2012)

Die Wissenschaften erweisen sich dabei – selbstverständlich – als in die Gesellschaft eingebunden. Sie gehen im Gleichschritt mit der schon beschriebenen zunehmenden Funktionalisierung der Menschen, wobei reproduktive Eigenschaften und Leistungsfähigkeit zentrale Bewertungsmaßstäbe waren und (weitgehend) noch sind. Sowohl direkter Zwang durch Gewalt und Restriktion – mit denen Menschen zunächst in Manufakturen und zum Spinnen gezwungen wurden und mit denen etwa auch das Tragen ‹gegengeschlechtlicher Kleidung› verfolgt werden konnte – als auch die sich herausbildenden und festigenden bürgerlichen politischen und gesellschaftlichen Verhältnisse mit ihren Wissenschaften sind als Variablen der Herausbildung von Normen zu berücksichtigen.

Heute werden die Anwendungsmöglichkeiten der biologischen und medizinischen Normbeschreibungen gesellschaftlich immer sichtbarer. Zentrale und öffentlich weithin verhandelte Beispiele sind die Psychiatrie, in der nicht normkonforme Menschen häufig einfach weggesperrt und ruhiggestellt werden, sowie die Möglichkeiten pränataler und von Präimplantationsdiagnostik, mit denen Embryonen, die ‹Auffälligkeiten› zeigen, orientiert an einem medizinisch-technischen Apparat ausgewählt werden und Schwangeren ggf. zu einem Abbruch der Schwangerschaft geraten wird.

Schließlich hat das medizinische Behandlungsprogramm zur Tilgung ambiguer geschlechtlicher Merkmale, das nach wie vor dazu führt, dass die behandelten Menschen meist schwer traumatisiert sind und zeitlebens medizinischer Behandlung bedürfen, als Nebenprodukt zu Techniken geführt, mit denen Menschen geschlechtlichen Wunschvorstellung näher kommen sollen. Unter dem Eindruck von in Schulbüchern und in Werbung präsentierter gesellschaftlicher Norm verstärkt sich dieser Trend weiter. So werden mittlerweile jährlich in vielen tausend Fällen allein in der BRD Schamlippenkorrekturen und Penisverlängerungen vorgenommen. Schönheitsoperationen, die zunächst Frauen bzgl. der Brust und weiterer Körperpartien in Anspruch nahmen, richten sich nun also auch auf Genitalien – und orientieren sich insbesondere daran, gesellschaftlicher Norm zu entsprechen (vgl. Konsensuspapier 2010; Vardi et al. 2008).

Pluralisierung der Identitäten im globalen Norden – und Dienstleistungsorientierung

Während die fabrikmäßige Disziplinierung und Zurichtung der Menschen, ihrer Körper und (geschlechtlichen) Handlungen, aktuell extensiv im globalen Süden von statten geht – aktuell sei nur hingewiesen auf die Arbeitsbedingungen und die Proteste der Grubenarbeiter in Südafrika und die Dutzenden Suizide und die Proteste auf Grund der Arbeitsbedingungen der mehr als 1,2 Millionen Beschäftigten beim iPhon- und iPad-Hersteller *Foxconn* in China (vgl. u. a. Ngai 2010; Ngai 2013) –, zeigt sich seit einigen Jahrzehnten, dass im Norden die Verfolgung und Kriminalisierung von zuvor als problematisch erachteten sexuellen Handlungen zurückgenommen werden. Konkret wurden seit den späten 1960er Jahren Strafbestimmungen gegen das eigene identitäre Konzept ‹Homosexualität› in Teilen der westlichen Welt wieder abgemildert oder abgeschafft. In der Bundesrepublik wurde der Paragraph 175, der mann-männliche sexuelle Handlungen sanktionierte, 1969 gelockert und 1994 – in Angleichung an DDR-Recht – gestrichen. Verschiedentlich wurde zudem konstatiert, dass sich nun auch eine Vervielfältigung der Begehrensweisen zeige, die Identitäten vervielfältige oder sogar aufweiche (vgl. etwa Sigusch 2005). Diese Entwicklungen sind wiederum vor dem Hintergrund der hier getroffenen Beschreibungen der Funktionalisierung der Menschen interessant. Deutlich wurde bislang schon, dass die folgende Sichtweise von Volkmar Sigusch zu kurz greift:

Die Freiräume waren noch nie so groß und vielgestaltig. Das Paradoxe daran ist: Je brutaler der Kapitalismus ökonomische Sicherheit und soziale Gerechtigkeit beseitigt, also Unfreiheiten produziert, desto größer werden die sexuellen und geschlechtlichen Freiräume. Offensichtlich bleibt den Mechanismen der Profit- und Rentenwirtschaft vollkommen äußerlich, was die Individuen tun, solange sie nur ihre sexuellen Orientierungen, ihre geschlechtlichen Verhaltensweisen, überhaupt ihre kleinen Lebenswelten pluralisieren. (Sigusch 2005: 7)

Geht Sigusch hier davon aus, dass es dem Kapitalismus «vollkommen äußerlich» bleibe, was die Menschen tun, wurde im Vorfeld bereits deutlich, dass die Funktionalisierung der Lebensbereiche und Tätigkeiten der Menschen deutlich produktive Wirkungen im Sinne kapitalistischer Verhältnisse hatten und mit diesen einhergingen. In diesem Sinne ist auch bei der aktuellen Flexibilisierung und Individualisierung geschlechtlicher und sexueller Identitäten nach Begründungen zu suchen, warum sich die Herrschenden nicht mit Verordnungen und Verfolgungen gegen sie wenden. Die Interessen liegen auf der Hand: Das Fließband hat im kapitalistischen Zentrum mehr und mehr ausgedient und wurde global weitgehend in die Peripherie verlagert. Stattdessen nimmt im kapitalistischen Zentrum ‹Dienstleistungsorientierung› zu, sind gerade Flexibilität und Individualität gefragt. Mit der ‹sexuellen Revolution› wurde auch erreicht, dass die Sexualität der Menschen zunehmend als Ware direktes Ziel kapitalistischer Akkumulation werden konnte und kann. ‹Homosexualität› könnte nicht direkt als Ziel von Warenproduktion bewirtschaftet werden, wenn sie weiter als ‹pervers› gelten und bestraft werden würde. Es geht im Kapitalismus nun einmal darum, immer neuen Gewinn zu erzielen, also immer neue Regionen des Planeten und Lebensbereiche der Menschen als direkte Ziele von Warenproduktion einzubinden. Den Gewinn und die Grenzen der Pluralisierung sexueller Verhältnisse macht Nancy Peter Wagenknecht plastisch deutlich:

Das restriktive Modell ist durch sexuelle Individualisierung ersetzt worden. Seit den sechziger Jahren haben Neue Soziale Bewegungen dem alten patriarchalen Modell Rechte und Freiheiten abgerungen. In der Folge entstanden zahllose neue Rollenbilder, Selbstkonzepte und Lebenspraxen. Oft haben die Veränderungen den Wert subjektiver Befreiungen – sie bringen ein ‹Mehr› an Handlungsfreiheit mit sich –, zugleich sind sie aber weiterhin von der heterosexuellen Matrix reguliert und eingeholt vom Aufstieg des transnationalen HighTech-Kapitalismus. Diese Produktionsweise beruht unter anderem auf der Individualisierung ihrer Subjekte (um deren individuelle Kreativität auszubeuten und kollektive Widerstände zu verhindern) sowie auf der Verwandlung von allem und jedem in Waren, einschließlich der menschlichen Sinnlichkeit. (Wagenknecht 2005)

Da die Veränderungen weiterhin innerhalb des bestehenden Musters bleiben und etwa Homosexualität weiterhin als ‹Abweichung› von einer ‹Norm› definiert ist, bleiben die Veränderungen immer rasch rückholbar. Zugleich – und das arbeitet Leo Kofler klar heraus – bedeutet die zunehmende Organisierung selbst des sexuellen Tuns als Ware, dass kapitalistische Verhältnisse immer mehr Lebensbereiche der Menschen direkt als Waren umfassen, also keine Bereiche mehr etwa in eine ‹reproduktive› Sphäre ausgestoßen sind. (Als einige der letzten Bereiche werden aktuell auch Organe und Fortpflanzungsstoffe sowie das Sterben kapitalistisch ‹urbar› gemacht, also warenförmig und direktes Ziel kapitalistischen Gewinninteresses.) Selbst das nächste und intimste Erleben ist für die Menschen damit nur noch im Raster von Waren denk- und erlebbar. Damit wird nicht nur die Kapital-Akkumulation, sondern auch die tiefe Verinnerlichung kapitalistischer Verhältnisse gefördert – bis zu dem Punkt, dass diese den Menschen als unausweichlich, als ‹alternativlos› erscheinen:

[Die] klassengesellschaftliche Gegenwart [steht] im Lichte einer «repressiven Entsublimierung»... Das bedeutet: im Lichte einer «demokratischen» Scheinfreiheit, deren Wesenheit darin liegt, daß sie erotische – und das heißt hier vornehmlich sexuelle – Freiheit verspricht und formell auch gewährt, aber allein zu dem Zweck, um das Individuum über die psychischen Prozesse der Verinnerlichung und der Identifikation um so stärker an die repressive Ordnung zu fesseln, damit der bestehenden Unterdrückung Dauer zu verleihen. (Kofler 2008 [1985]: 33)

Auch an dieser Stelle sei noch einmal auf die weitere – internationale – Bedeutung hingewiesen: Obwohl auch die fabrikmäßige Disziplinierung und Zurichtung der Menschen im globalen Süden aufgrund des Interesses im globalen Norden etwa an ‹preiswerten› Mobilfunkgeräten, Computern, Nahrungsmitteln und Energie erreicht wird, wird den Menschen im Süden vorgeworfen, dass sie selbst nicht nach den nun neu aufkommenden westlichen (Dienstleitungs-)Standards lebten. Stattdessen wird die Entwicklung im Norden, die erst durch die Überausbeutung der Menschen im Süden möglich wird, als Zeichen seiner ‹Zivilisierung› herausgearbeitet und gegen den Süden gewandt, einerseits durch Stereotype, andererseits sogar kriegerisch.

Veränderungen erkämpfen: von proletarischen Bewegungen zu queerem Aktivismus

Verbesserungen der Lebensverhältnisse mussten stets erkämpft werden. In diesem Sinne kann Vorstellungen von Michel Foucault nur eingeschränkt zugestimmt werden. Er hatte ausgeführt, dass bereits seit Ende des 18. Jahrhunderts eine Sozialmedizin aufgekommen sei, dass sich auch Unternehmer für den Erhalt der Arbeitskraft der Arbeiter_innen in ihren Manufakturen interessierten (Foucault 2003 [1974]: 292; vgl. Voß 2011: 41f). Das ist für die Praxis nicht korrekt. Zwar fanden auch unter den bürgerlichen Privilegierten Diskussionen über die erbärmlichen Lebensverhältnisse der arbeitenden Bevölkerung statt, allerdings war die Praxis davon nicht betroffen. Erst durch soziale Kämpfe der Arbeiterbewegung und der proletarischen Frauenbewegung wurden Verbesserungen erreicht, die sich in der Realität der arbeitenden Menschen niederschlugen.

Arbeiterbewegung und proletarische Frauenbewegung stritten insbesondere für die Verbesserung ihrer Lebensverhältnisse (vgl. für einen Überblick: Notz 2011; Hoffrogge 2011). Es ging um ausreichende Löhne für Nahrung und Wohnung, um erträgliche Arbeitsbedingungen und gegen Zustände, in denen Wenige von der Arbeit der Vielen profitierten. Wirft man einen Blick auf die realen Lebensverhältnisse, stößt man dabei stets auf Not und Elend. Schlechte Ernährung, beengtes Wohnen – eine ganze Familie wohnte oft dicht gedrängt in einem kleinen Raum – bzw. Obdachlosigkeit, miserable hygienische Zustände, verbreitete Krankheiten, hohe Kindersterblichkeit und eine Lebenserwartung um die 30 Jahre prägten die Realität der Arbeiter_innen. Vor diesem Hintergrund ist gut zu verstehen, dass es auch der proletarischen Frauenbewegung insbesondere um die Änderung dieser Lebensumstände ging und erst zweitrangig um die politische Gleichstellung der Frauen zu den Männern. Gleichzeitig wird mit einem Blick auf die Arbeiterbewegung sichtbar, dass auch dort sexistischen Vorurteilen gegenüber Frauen zu begegnen war (vgl. Hoffrogge 2011: 90–98). So war es nicht nur etwa durch das preußische Verbot politischer Betätigung von Frauen, das noch bis zu Beginn des 20. Jahrhunderts galt, erreicht, dass Frauen in der Arbeiterbewegung und auch in den Gewerkschaften nur in geringem Maße vertreten waren. Vielmehr gab es von Seiten der Männer chauvinistische Vorannahmen, die die von den Unternehmern festgesetzte Lohndifferenz zwischen Frauen und Männern den Frauen zur Last legten und diese als Konkurrentinnen und ‹Lohndrückerinnen› betrachteten. Gleichzeitig waren zumindest die Rechte von Frauen – und auch von Homosexuellen – gerade in der Arbeiterbewegung dennoch mit im Blick – zumindest mehr als in übrigen Parteien und in den bürgerlichen gesellschaftlichen Bereichen –, denkt man etwa an August Bebels Buch *Die Frau und der Sozialismus* und sein Engagement im Reichstag für die Abschaffung des Paragraphen 175, der Homosexualität im Deutschen Reich unter Strafe stellte.

Bürgerliche Frauen hatten, ebenfalls geprägt von ihren konkreten Lebensumständen, andere Interessen (vgl. Notz 2011). Bei ihnen wog der Ausschluss aus den Wissenschaften, aus wichtigen, prestigeträchtigen und lukrativen gesellschaftlichen Bereichen schwer. Sie forderten – wie auch die Arbeiterinnen – Wahlrecht und insbesondere gleiche Möglichkeiten wie die bürgerlichen Männer in der Gesellschaft. Einige von ihnen sahen durchaus auch die Not der Arbeiterinnen und thematisierten sie – auf bemerkenswerte Weise unter anderem Bettine von Arnim und Lily Braun. Eine merkliche Unterstützung der Kämpfe der proletarischen Frauen zeigte die bürgerliche Frauenbewegung hingegen nicht, wie sie auch im Zusammenhang mit dem Kolonialismus und der Sklaverei im Wesentlichen die Perspektiven der bürgerlichen Männer und nicht die der Unterdrückten teilten. Simone de Beauvoir fasst zusammen: «Die bürgerliche Frau hängt an ihren Ketten, weil sie an ihren Klassenprivilegien hängt. […] Mit den Frauen der arbeitenden Klasse fühlt sie sich nicht solidarisch: sie steht ihrem Mann viel näher als den Textilarbeiterinnen. Sie macht sich seine Interessen zu eigen.» (Beauvoir 2008 [1949]: 155)

Waren sich die arbeitenden und bürgerlichen Frauen in der ersten deutschen Frauenbewegung nicht einig und verfolgten sie unterschiedliche Interessen, so gilt das auf andere Weise auch für die zweite deutsche Frauenbewegung. Während in der DDR bereits in der Verfassung von 1949 die Gleichstellung von Männern und Frauen festgelegt wurde und insbesondere die ökonomische Unabhängigkeit der Frauen sichergestellt war, existierten in der BRD von Beginn an deutliche Zurücksetzungen

der Frauen, bei im Grundgesetz festgelegter formaler Gleichberechtigung von Männern und Frauen. So konnte in der Bundesrepublik der Ehemann in einer Paarbeziehung noch bis 1977
die Erwerbsarbeit der Ehefrau kündigen, wenn sie ‹ihre familiären Verpflichtungen› vernachlässigte! (vgl. Münch 1976) Auch
unehelich Mutter zu sein, alleinerziehend, war in der BRD ein
Faktor, um im äußersten gesellschaftlichen Abseits zu stehen
(uneheliche Kinder waren darüber hinaus den ehelichen bspw.
im Erbrecht nicht gleichgestellt). Der *Spiegel* urteilte 1969 und
machte dabei auch einige Unterschiede zwischen den deutschen Staaten deutlich: «Zwar hat die Arbeiter-und-Bauern-
Macht ihren Bürgerinnen materielle wie juristische Gleichberechtigung verschafft, zahlt, anders als in Westdeutschland,
‹gleichen Lohn für gleiche Arbeit› (Sozialisten-Slogan), gibt
Ehepaaren die Möglichkeit, den Mädchennamen der Braut als
Familiennamen zu führen, und stellt das uneheliche dem ehelichen Kind gleich. Aber auch das sind nicht mehr als Ansätze
einer Emanzipation…» (Spiegel 1969)

Gegen die Bedrückungen regte sich seit Ende der 1960er
Jahre Widerstand und es bildete sich bei vielen Frauen in der
Bundesrepublik Deutschland das Bewusstsein dafür, unterdrückt zu sein und für die eigenen Rechte streiten zu müssen.
Die Beendigung der Diskriminierung von Frauen und der gesellschaftlich verbreiteten (sexuellen) Gewalt gegen Frauen wurden
Ziele des Engagements. Gleiche Zugänge zu allen gesellschaftlichen Bereichen für Frauen und Männer wurden gefordert, auch
die Verteilung der Reproduktionsarbeit und ihre Anerkennung
als Arbeit (vgl. Notz 2011). Die Frauen forderten Selbstbestimmung über das eigene Leben und den eigenen Körper – und
erhielten dabei Auftrieb durch Maxi Wanders Veröffentlichung
Guten Morgen, du Schöne. Protokolle nach Tonband (1977), in
der – literarisch neuartig – biographische Erzählungen von Frau-
en zentral waren. 19 Frauen berichteten offen aus ihrem Leben
– und sowohl in der DDR wie dann auch in der BRD wurde der
Band zu einem Bestseller und regte Frauen dazu an, ihr Leben
selbst zu protokollieren, so dass sie auch Barrieren und Wende-
punkte in der eigenen Biographie erkennen konnten.

So sind gerade auch die Querbezüge zwischen den deutschen
Staaten wichtig – noch in den 1980er Jahren tauchten sie vielfältig auf, wenn prominente Frauen beschrieben, wie sie zu ihrem
politischen Streiten gelangt waren. In den neueren Erzählungen

fehlen hingegen die Bezüge und auch die Geschlechterforschung ist entsprechend ‹geschichtsvergessen›. *Guten Morgen, du Schöne* hatte Bedeutung gerade in der BRD (einschließlich Westberlin). Auch in der DDR entfaltete es Wirkung. Aber dort verliefen die Aushandlungen oft anders, insbesondere in Gremien, in denen Frauen oft deutlich Position bezogen und Forderungen aufstellten. Waren in den politischen Gremien Frauen mit einem Anteil von etwa einem Drittel unterrepräsentiert (dieser Anteil galt immerhin auch für die Volkskammer, in der ab 1967 immer über 30% der Abgeordneten Frauen waren, während der Frauenanteil im Bundestag der BRD noch bis 1987 im einstelligen Prozentbereich blieb [vgl. für den Datenvergleich BRD zu DDR: Bundesministerium für Familie 2013; auch: Trappe 1995]), und waren sie in den höchsten politischen Gremien – Staatsrat, Ministerrat und Politbüro – in noch geringerem Maße vertreten, so war die Position der Frauen gerade in der Betriebsdemokratie stark. In den Unternehmen (Kombinaten) und in den Gewerkschaften war der Anteil von Frauen und Männern ausgeglichen, auch die Leitung wurde zunehmend von Frauen geleistet. So wurden in der DDR Veränderungen insbesondere in Gremien ausgehandelt: In allen großen Unternehmen musste jährlich über die Aktivitäten ‹zur Gleichstellung der Frau› berichtet und mussten Planziele erfüllt werden, etwa um den Anteil von Frauen in technischen Berufen zu erhöhen – hierzu gab es auch seit spätestens den 1960er Jahren deutlich kritische Evaluationen: u. a. Hieblinger 1967: u. a. 39–74, 130–144; vgl. für einen guten Überblick auch: Uhlmann 1968 [1961]: insb. 580ff; Stern/Boeck 1972; Trappe 1995. Möglichkeiten zur Vereinbarkeit von Beruf und Familie wurden mit steter Erhöhung von Kindergeldzahlungen und Plätzen in Betriebskindergärten gefördert. Der ökonomische Aspekt ist bedeutsam: So war es in der DDR möglich, dass Ehefrauen einfach ihren Ehemann verließen, um etwa Gewalttätigkeit zu entfliehen, während Frauen in der BRD erst darüber nachdenken mussten, ob dies überhaupt ökonomisch ging.

Gleichzeitig zeigt sich bei einem Blick auf die DDR aber, dass auf den angesehensten gesellschaftlichen Positionen, wie den höheren Ebenen der Politik und bspw. bei den Professuren an Universitäten, Frauen kaum vertreten waren. Auch die Geschlechterklischees wirkten fort, wie auch die (unentgeltliche) Verteilung der Reproduktionsarbeit mehrheitlich zu Lasten der Frauen ging (vgl. Hieblinger 1967: u. a. 86f; Trappe 1995: 20ff).

Auch in der DDR bildeten sich Frauengruppen, erlangten aber nicht das Maß eines gemeinsamen kämpfenden Bewusstseins wie es im Westen der Fall war (vgl. Kenawi 1995). Augenfällig ist, wie die Frauen in Ost und West auch für ihr Recht auf Schwangerschaftsabbruch unterschiedlich stritten. Während in der BRD laut in außerparlamentarischer Opposition gerungen wurde – etwa mit dem Selbstouting im Stern «Ich habe abgetrieben» – und schließlich eine Regelung erreicht wurde, die den Schwangerschaftsabbruch zwar als Straftat betrachtet(e) aber straffrei stellt(e), verlief die Entwicklung in der DDR in der Aushandlung in Gremien. So wurde in der DDR nach intensivem Engagement von Frauen durch die gesetzgebende Gewalt eine Fristenlösung eingeführt, die den Schwangerschaftsabbruch nicht nur wie in der BRD straffrei stellte, sondern ihn innerhalb eines bestimmten Zeitraums für legal erklärte.

Auch gegen die Strafbarkeit von Homosexualität wurde seit den 1970er Jahren massiv gestritten. Und auch hier zeigten sich zunächst deutliche Unterschiede zwischen DDR und BRD: So bestand im Westen zunächst die Nazi-Fassung des Paragraphen 175 fort, der gleichgeschlechtliche sexuelle Handlungen unter Männern unter Strafe stellte. In den 1950er und 1960er Jahren wurden zehntausende Männer nach der Nazi-Fassung des Paragraphen 175 verurteilt – es ist von der für Schwule furchtbaren Adenauer-Zeit zu sprechen. Erst 1969 entfernte man sich von der Nazi-Fassung und wurden schwule sexuelle Handlungen unter Erwachsenen (zunächst über 21 Jahre, ab 1973 über 18 Jahre) straffrei. Es fanden aber jährlich noch immer einige Hundert Verurteilungen nach Paragraph 175 statt, 1994 noch immer einige Dutzend. In der DDR kehrte man im Strafrechtskommentar von Anfang an zu der alten Weimarer Fassung des Paragraphen 175 zurück, nach der ‹nur› ‹beischlafähnliche Handlungen› unter Strafe standen, 1957 wurde die Strafbarkeit von sexuellen Handlungen unter erwachsenen Männern (über 18 Jahre) abgeschafft. 1988 beschloss die Volkskammer den Strafparagrafen gegen Homosexualität – seit der Reform 1968 war dies der Paragraph 151, der für Männer und Frauen galt – gänzlich zu streichen und damit gleiche Schutzaltergrenzen (16 Jahre) für hetero und homosexuelle sexuelle Handlungen einzuführen. 1994 wurde diese Lösung auch für die alten Bundesländer im ‹vereinigten Deutschland› übernommen – der Paragraph 175 gestrichen.

Diese Feststellungen ermöglichen auch einen interessanten Blick auf die politischen Kämpfe von Bewegungen: Anders als bei den Kämpfen zur Abschaffung der Strafbarkeit der Abtreibung, die unter massivem Einsatz von Frauen auf der Straße bzw. in Gremien stattfanden, gab es bzgl. des Paragraphen 175 kein solches massives Streiten, sondern ist das Engagement einzelner Personen bedeutsam. Eine ‹Schwulenbewegung› hatte in der BRD die Änderungen von 1969 nicht erreicht, sie bildete sich erst nach der Lockerung des Strafparagraphen heraus. Den Unterschied zur mit Straßenkämpfen verbundenen Bewegung in den USA fasst Michael Holy: «Während in Deutschland […] eine Reform des Strafrechts den Weg für eine Radikalisierung der Homosexuellen ebnete, löste in den USA unter gänzlich anderen Vorbedingungen eine spontane Revolte die Radikalisierung der bereits seit Anfang der 1960er Jahren bestehenden Bürgerrechtsbewegung der Lesben und Schwulen aus.» (Holy 2012: 43f) Selbstorganisation und Bewegung entfaltete sich in der BRD seit 1969/70. Die erste *autonome* Schwulengruppe der Bundesrepublik – die Homosexuellen Aktionsgruppe Bochum (HAG) – gründete sich 1970, initiiert von der Lesbe Waltraud Z. (vgl. Leidinger 2011). Auch in weiteren Schwulen-Initiativen waren Lesben zentral, in gängigen Beschreibungen der Schwulenbewegung tauchten sie hingegen oft nicht auf, wie Christiane Leidinger (2011) kritisierte. Daneben entstanden Freizeitgruppen, weitere Homosexuellenverbände und Zeitschriften (vgl. Holy 2012). 1971 gründete sich die in der weiteren Bewegung zentrale Homosexuelle Aktion Westberlin (HAW). Bedeutsam, wenn auch für die autonomen schwul-lesbischen Aktivitäten nicht auslösend, war Rosa von Praunheims Film *Nicht der Homosexuelle ist pervers, sondern die Situation, in der er lebt.* Uraufgeführt wurde er bei den Berliner Filmfestspielen im Juli 1971, an die sich in der Presse kontroverse Diskussionen anschlossen. Im Januar 1972 sollte der Film auch im Fernsehen, in der ARD, ausgestrahlt werden; er wurde dann aber, auf Druck des Bayrischen Rundfunks hin, in das dritte Programm verbannt. Bereits die Verlegung führte zu großer Medienaufmerksamkeit und zur Gründung von Gruppen Homosexueller in verschiedenen Städten. Gleiches gilt für die Ausstrahlung in regionalen Kinos: Wo der Film vorgeführt wurde, bildeten sich Selbstorganisationen schwuler und auch lesbischer Menschen, die sich allerdings oft rasch wieder auflösten (39 Gruppen und mehrere Magazine verschwanden bereits 1974/75 [vgl. Holy 2012: 49]). Schließlich wurde der Film 1973 auch im Nachtprogramm der ARD gesendet (vgl. Dennert et al. 2007b).

In den jeweiligen Gruppen wurde um emanzipatorische Forderungen gerungen, wobei man sich oft nicht auf bürgerrechtliche Forderungen konzentrierte, sondern grundlegende gesellschaftliche Alternativen jenseits des Kapitalismus diskutierte. Auch in der BRD entstanden Christopher-Street-Days, Demonstrationen gegen die gesellschaftliche Diskriminierung und Gewalt gegen Lesben, Schwule und ‹Tunten›. (Vgl. Dennert et al. 2007b; vgl. mit Fokus Berlin-Schöneberg: Wolter 2011) Die Selbstorganisationen erwiesen sich rasch als nötig, da in den 1980er Jahren im Zusammenhang mit HIV und Aids Schwule Ziel gesellschaftlicher Hetze wurden und einige Politiker in der BRD sogar deren Ghettoisierung und Konzentrierung in Lagern forderten. Durch Streiten aber auch durch besonnene Politiker_innen, wie die damalige Gesundheitsministerin Rita Süssmuth, konnten solche populistischen Forderungen zurückgewiesen und stattdessen Aufklärungskampagnen – Aids-Hilfen – gestartet werden. Die stärkere staatliche Anbindung der schwulen Gruppen hatte allerdings auch beträchtlichen Anteil daran, dass nun von den institutionalisierten schwulen Gruppen zunehmend systemkonforme Forderungen aufgestellt und weniger grundsätzliche Gesellschaftskritik geübt wurde (Wolter 2011: 20ff; Raab 2011: 18f, 238f).

Von der Professionalisierung über Aids-Hilfen profitierten die lesbischen Gruppen nicht. Sie hatten sich eher im Zusammenhang mit der sozialistischen Bewegung, der (sozialistischen) Frauenbewegung herausgebildet. Im Frühjahr 1968 wurde der Aktionsrat zur Befreiung der Frau (Westberlin) gegründet, der u. a. im September des gleichen Jahres beim Sozialistischen Deutschen Studentenbund (SDS) die Männer für ihren Chauvinismus kritisierte. Bei der nächsten Delegiertenkonferenz machte der Weiberrat (Frankfurt) mit Flugblättern auf eigene Forderungen aufmerksam. Der Flugblatttext endet plastisch: «BEFREIT DIE SOZIALISTISCHEN EMINENZEN VON IHREN BÜRGERLICHEN SCHWÄNZEN!» (zit. nach: Dennert et al. 2007b: 38; Hervorhebung im Original) Einige der Frauen outeten sich 1972 als lesbisch – und so kann der *Weiberrat* als ein Startschuss für die Selbstorganisierung von Lesben gelesen werden. Auch in Westberlin bildete sich eine Gruppe lesbischer Frauen, die sich bei der Homosexuellen Aktion Westberlin (HAW) ansiedelte. Im Februar 1973 protestierten 50 Frauen der HAW gegen eine Hetzkampagne der *Bild*-Zeitung gegen Lesben; zusammen mit den Männern nahmen sie an der 1. Mai-Demonstration mit Transparenten teil. Die Frauen der HAW verstanden sich als Teil der Frauenbewegung und stritten insbesondere unabhängig von den Schwulen. Sowohl das Lesben-Frühlings-Treffen als auch das Lesbische Aktions-Zentrum – aus dem die Lesbenberatung entstand – gehen auf die Lesben der HAW zurück. 1974 gründete sich eine Gruppe älterer lesbischer Frauen, die Gruppe L74. Auch in Münster hatte es bereits im April 1972 eine Demonstration von Schwulen und Lesben gegeben. In der Folge fanden weitere Veranstaltungen, Aktionen und Demonstrationen statt. Teilweise stritten die Lesben gemeinsam mit den Hetera-Frauen, teilweise mit den Schwulen, wobei Lesben häufiger ins Abseits gerieten und eigene Aktionsformen entwickelten. (Vgl. für einen guten Überblick: Dennert et al. 2007 und 2007b)

In der DDR war die juristische Situation gerade für Schwule zwar besser, eine gesellschaftliche Sichtbarkeit gab es aber kaum. Verbesserungen, die es für Homosexuelle in der DDR früh gab, waren eher staatlich organisiert und knüpften an Traditionen an, in denen sich sozialistische Bewegungen – der SPD und der KPD – gegen die Strafbarkeit homosexueller Handlungen ausgesprochen hatten. Auch blieben diese Entwicklungen in den sozialistischen Staaten auf die DDR und die Republik Polen beschränkt. Ein grundlegendes gesellschaftliches Umdenken war mit den staatlichen Initiativen nicht erreicht und Diskriminierungen von lesbischen und schwulen Menschen etwa bei der Wohnungssuche, bei der Organisierung von Veranstaltungen und bei der Aufgabe von Freundschaftsanzeigen in Zeitungen selbst in den 80er Jahren an der Tagesordnung (Grau 1988: 36). In einem der Interviews, die Jürgen Lemke in der Zeit führte, beschreibt der Befragte: «In diese Wohnung bin ich Anfang der fünfziger Jahre gezogen. Vor meinem Einzug ging der Abschnittsbevollmächtigte von Haushalt zu Haushalt, da wo junge Männer lebten, und informierte: Erster Hinterhof, Mitte, zwei Treppen, rechts, da zieht ab nächsten Ersten so einer ein. Vorsicht. Eine bessere Reklame konnte der für mich gar nicht machen. Es dauerte knapp zwei Wochen, da hörte ich das erste schüchterne Klopfen an meiner Tür…» (Lemke 1989: 30f) Überdies fanden Gehirnforschungen statt, die darauf gerichtet waren, Homosexualität ‹kurieren› oder embryonal ‹verhindern› zu können, auch wenn sie in der DDR nicht zur Behandlung von Menschen getestet wurden, wie es in der BRD der Fall war, wo Gehirneingriffe zum ‹Heilen› der Homosexualität an zwangsuntergebrachten Menschen vorgenommen wurden (Voß 2013: 42ff). Aber auch in der DDR wurden Menschen insbesondere in den 1950er und 60er Jahren vielfach psychiatrisch und medikamentös ‹behandelt›, damit sie ihre Homosexualität aufgäben – mit schwerwiegenden psychischen gesundheitlichen Schäden für die von den Behandlungen Betroffenen (vgl. Thinius 2006; Brühl 2006).

Trotzdem lässt sich aus soziologischen Erhebungen konstatieren, dass sich die gesellschaftliche Akzeptanz gegenüber Lesben und Schwulen verbesserte – so stimmten Studierende der Aussage, «Niemand sollte wegen seiner homosexuellen Neigungen diskriminiert werden», 1980 zu 51% «vollkommen» zu, 1990 kreuzten 84% der Befragten so an (Starke 2008: 11). Siegfried Schnabl schrieb in dem Aufklärungswerk *Mann und Frau intim*, das in der DDR eine Millionen-Auflage erzielte, mit Blick auf die Diskriminierung in der Mehrheitsgesellschaft: «Die Straffreiheit bleibt aber eine formal-juristische Sache, solange man Homosexuelle moralisch diskriminiert, verachtet, über sie tuschelt, hämisch lacht, vor ihnen warnt oder sie wie Kranke bemitleidet. Wir haben ihre Intimsphäre, die Formen der Partnerwerbung und des gewünschten Zusammenlebens zu respektieren wie sie die unsrigen, denn sie sind gleichberechtigte Mitglieder der Gesellschaft.» (Schnabl 1979 [1969]: 303)

Seit den 1970er Jahren kamen in der DDR Gruppen und Initiativen von Lesben und Schwulen auf – als erste die Homosexuelle Interessengemeinschaft Berlin (HIB) 1973 und die Homosexuelle Selbsthilfegruppe Leipzig 1976 (vgl. Kenawi 1995: 223; Brühl 2006: 108f; Brühl 2013). Die HIB entfaltete vielfältige Aktivitäten, wollte mit dem Transparent «Wir Homosexuelle der Hauptstadt begrüßen die Teilnehmer der X. Weltfestspiele und sind für den Sozialismus in der DDR» an der Abschlussveranstaltung der Festspiele teilnehmen, was durch Sicherheitskräfte verhindert wurde. Sie richtete Eingaben an verschiedene Institutionen wie Polizei und Volkskammer. Auf ihre Initiative geht auch zurück, dass die Urania 1976 ein Forum zum Thema Homosexualität durchführte. Seit 1974 traf sich die HIB in der Villa von Charlotte von Mahlsdorf, wo der Staatssicherheitsdienst konspirative und ‹republikfeindliche› Treffen vermutete. Schließlich wurde ein 1978 DDR-weit geplantes Lesbentreffen zum Anlass genommen, weitere Zusammenkünfte im Mahlsdorfer Haus zu verbieten. Zunächst kämpfte die HIB weiter – eine Vereinsgründung wurde abgelehnt, auch zahlreiche Eingaben, die schließlich zu einem Gespräch im Ministerrat führten, hatten nicht den gewünschten Erfolg, als Organisation von Homosexuellen staatlich anerkannt zu werden. Entmutigung führte dazu, dass die Gruppe zerfiel, lediglich weiter Partys stattfanden und einzelne Beteiligte politisch weiter an einer Bewusstseinsänderung arbeiteten (vgl. Thinius 2006; Brühl 2006). Literarisch und künstlerisch wurde Homosexualität seit den ausgehenden 70er Jahren Thema und seit den 80er Jahren entstanden wieder vermehrt Gruppen (vgl. detailliert: Brühl 2006; Brühl [2013]). Teilweise arbeiteten Lesben und Schwule darin gemeinsam, teilweise gründeten sich lesbische Gruppen im Rahmen der sich herausbildenden Frauengruppen (Kenawi 2008; vgl. Kenawi 1995). Daneben fanden seit 1983 Konferenzen statt, an denen sowohl Wissenschaftler_innen als auch Expert_innen in eigener Sache miteinander diskutierten und gemeinsam Lösungswege erörterten (vgl. u. a. Günther et al. 1986; Günther/Bach 1989; Hohmann 1991; Kenawi 1995). Aufsehen erregten Jürgen Lemkes oben zitierter Band *Ganz normal anders: Auskünfte schwuler Männer* (1989), wie auch die Sendung im Jugendradio DT64 *Mensch, du … ich bin homosexuell* (1987) und der Film *Coming out* (Regie: Heiner Carow), der im November 1989 uraufgeführt wurde.

So wie bei Betrachtungen zur deutschen ‹Homosexuellenbewegung› oft die DDR vernachlässigt wird – weshalb sie hier auch etwas ausführlicher thematisiert wurde –, wird oft der Anteil der Frauen und von Queers of Color an ihr übersehen. Mit Blick auf Lesben in der DDR hat Samirah Kenawi deutlich herausgearbeitet, wie gerade Frauen durch beharrliches Auftreten Veränderungen bewirkt haben (Kenawi 2008). Auch mit Blick auf die BRD und Westberlin ist in aktuellen Betrachtungen nur selten der Anteil von Frauen im Blick, dass etwa im Anschluss an die Auseinandersetzungen mit dem Chauvinismus der Männer im SDS lesbische Selbstorganisationen aufkamen und diese großen Anteil daran haben, dass Homosexualität Thema in der Gesellschaft wurde (vgl. Dennert et al. 2007 und 2007b). Mindestens eine ebenso große Leerstelle bildet der Anteil von Queers of Color in den neueren – weißen – Aufzeichnungen der Bewegungsgeschichte. Wie schon eines der zentralen Ereignisse für Lesben und Schwule, die Kämpfe in der Christopher Street, initial auf People of Color zurückzuführen ist (Haritaworn 2005), so gilt das zentral auch für die weiteren queeren Entwicklungen. Zahlreiche der Kämpfe, die schließlich auch Veränderungen in beiden deutschen Staaten entfalteten und aus denen insbesondere weiße Schwule Gewinn zu ziehen vermochten (vgl. Wolter 2011; Raab 2011), wurden von Menschen geführt, die auch von Letzteren diskriminiert worden waren (und werden).

Und auch die Emanzipationsbewegung Schwarzer Menschen – unter anderem in den USA und insbesondere der Frauen – hat wichtige Impulse für Auseinandersetzungen um Rassismus in der deutschen Gesellschaft und auch mit Auswirkungen für queer-feministische Kämpfe mit sich gebracht. Wegweisend war hier die Arbeit *Women, Race & Class* der Wissenschaftlerin und Aktivistin Angela Davis. Davis beschreibt darin die Geschichte und die Kämpfe der Schwarzen Frauen in den USA. Zunächst in Sklaverei unterdrückt, änderten sich ihre Bedingungen auch nach der – erkämpften – Sklavenbefreiung nicht grundsätzlich. Vielmehr blieben die Arbeitsbedingungen gleich schwer, blieb ein ‹Aufstieg› in der weiß dominierten Gesellschaft für Schwarze meist unmöglich und unterlagen sie weiterhin der ökonomischen und auch sexuellen Ausbeutung durch die weißen Menschen. Das prägt die unterschiedliche Organisierung und die verschiedenen Herangehensweisen von weißen Frauen, die zum dominierenden Teil der Gesellschaft gehören, und Schwarzen Frauen bis heute. Seit dem ausgehenden 19. Jahrhundert intensivierte sich Rassismus – Weiße begingen Lynchmorde an Schwarzen Frauen und Männern. Diese waren Ausdruck des institutionalisierten rassistischen Systems. Davis beschreibt die Kämpfe, die nötig waren und dazu führten, dass es in den USA mittlerweile selbstverständlich ist, dass Menschen unterschiedlicher Herkunft und Hautfarbe formal gleichberechtigt als US-Bürger_innen anerkannt sind. Immerhin das ist erreicht, auch wenn Rassismus noch immer massiv an der Tagesordnung ist. Beachtenswert ist zudem, dass Davis zu Beginn der 1980er Jahre klar zeigt, wie Rassismus und Klassenherrschaft zusammenhängen – auf Grund des Rassismus erhalten Schwarze schlechte Jobs und müssen oft miserable Arbeits- und Lebensbedingungen ertragen –, in besonderer Weise Frauen betreffen und letztlich noch auf kolonialistische Unterwerfung Schwarzer Menschen zurückgehen. Die Möglichkeiten der Menschen sind so durch ihre Differenzierung entlang bürgerlicher Muster nach rassistischen, sexistischen und klassistischen Stereotypen bestimmt. (Vgl. Davis 1982 [1981]) In der Bundesrepublik Deutschland ist sogar die kleine Selbstverständlichkeit der USA, dass die Staatsbürger_innen unterschiedliche Haut- und Haarfarben, verschiedene Religionen und Kulturen haben, bei der weißen Mehrheit noch längst nicht angekommen. Stattdessen werden People of Color in der BRD von Angehörigen der Mehrheit noch immer oft als ‹fremd› zugewiesen, als ‹Ausländer_in› benannt und nach dem Herkunftsland gefragt – selbst von linken Weißen.

Rassismus in Deutschland – Reflexionen, angestoßen von Frauen of Color

Rassismus ist die Verknüpfung von Vorurteil mit institutioneller Macht. Entgegen der (bequemen) landläufigen Meinung ist für Rassismus eine «Abneigung» oder «Böswilligkeit» gegen Menschen oder Menschengruppen keine Voraussetzung. Rassismus ist keine persönliche oder politische «Einstellung», sondern ein institutionalisiertes System, in dem soziale, wirtschaftliche, politische und kulturelle Beziehungen für weißen Alleinherrschaftserhalt wirken […]. (Noah Sow, zit. nach: Arndt/Ofuatey-Alazard 2011: 37)

Kolonialismus, Migration und Rassismus werden von vielen Mehrheitsdeutschen, die auch den wissenschaftlichen Kontext prägen, häufig nicht als historisch zu Deutschland zugehörig betrachtet (Ha 2012 [2003]: 57–63; El-Tayeb 2012 [2003]: 130f; Castro Varela / Dhawan 2005: 11; Arndt/Ofuatey-Alazard 2011: 37 ff, 121ff). Einwanderung wird als Merkmal seit den frühen 1960er Jahre beschrieben, seitdem die BRD ‹Gastarbeiter_innen›, die DDR ‹Vertragsarbeiter_innen› anwarb. Wie der Berliner Politikwissenschaftler Kien Nghi Ha (Ha 2012 [2003]) in seinen Forschungen feststellte, werden selbst in den neueren Bemühungen der Migrationsforschung insbesondere die historischen Bezüge vernachlässigt – es wird ein verzerrtes Bild von

Einwanderung als zum ‹modernen›, demokratischen Deutschland gehörig gezeichnet. Von der Einwanderung in der Kaiserzeit, in der Weimarer Republik, von völkisch-nationalistischen Vorstellungen, den Rückwirkungen des deutschen Kolonialismus auch auf Deutschland und von Rassismus spricht dabei niemand. Und das obgleich sich sowohl inhaltlich – wie bereits deutlich wurde – als auch personell klare Kontinuitäten zeigen. So wurde Konrad Adenauer, der 1922 einer der Begründer der *Kolonialen Arbeitsgemeinschaft* – ein Zusammenschluss zahlreicher deutscher Kolonialgesellschaften – war, 1949 erster Bundeskanzler der Bundesrepublik Deutschland. Erst 1974 wurden vom Deutschen Bundestag die verbliebenen ca. zwanzig deutschen Kolonialgesellschaften abgewickelt. (Vgl. Ha 2009 [2005]: 111) Selbst der Begriff *Rassismus* wurde und wird in Deutschland unter Verleugnung der kolonialen Vergangenheit gern vermieden und stattdessen von ‹Fremdenfeindlichkeit› oder ‹Ausländerfeindlichkeit› gesprochen. Damit entziehen sich weiße Deutsche der strukturellen Analyse, wie Rassismus mit der kapitalistischen Expansion Europas – eben gerade auch Deutschlands – entstanden ist und er auf der Segmentierung der Menschen mit biologistischen und kulturalistischen Argumenten in Gruppen basiert (vgl. u. a. Tesfa 1985: 34f; Opitz [Ayim] 1997 [1986]: 23f; Çetin 2012). Gleichzeitig verweigern sie sich den internationalen wissenschaftlichen Analysen und Antworten: ‹Feindlichkeit gegenüber Fremden› erscheint so als Merkmal kleiner Neonazi-Gruppen und nicht als gesamtgesellschaftliches Phänomen, als Rassismus.

Wenn auch auf andere Weise, so sind die kurz vorangestellten Betrachtungen für die USA, die auf den Analysen von Angela Davis aufbauten, auch für Deutschland anzustellen. Hier entwickelte sich bereits im Kaiserreich – fußend auf Kolonialismus und biologistischem Rassismus (vgl. insb. Ha 2009) – eine Migrationspolitik, die auf die temporäre Anwerbung von Arbeitskräften setzte. Es wurden insbesondere für die landwirtschaftliche Arbeit in Preußen Arbeitskräfte angeworben. Dies geschah zeitlich befristet und wurde mit einem «‹Rückkehrzwang› in der winterlichen Karenzzeit» (Ha 2012 [2003]: 67) verbunden und Deutschland bereits so markiert, dass es «kein Einwanderungsland» sei. Deutschland wurde damit nach den USA Ende des 19. Jahrhunderts zum «zweitgrößten Arbeitseinfuhrland der Erde» (nach: Ha 2012 [2003]: 67). Die nur zeitlich befristete

Zuwanderung verband zwei ‹positive Effekte›: Arbeitskraft wurde billig eingekauft; in Winter- und Krisenzeiten wurden die Menschen aber zurückgeschickt, mussten somit nicht versorgt werden und es fielen keine Sozialkosten für sie an.

Die Einwanderungspolitik der Bundesrepublik Deutschland baut direkt auf diesen historischen Vorläufern auf (vgl. Tesfa 1985; Ha 2012 [2003]). Das gilt nicht nur für die Länder, mit denen Anwerbeabkommen geschlossen wurden – das waren zunächst die verbündeten Staaten des Ersten bzw. Zweiten Weltkriegs das Osmanische Reich (Türkei), Italien und Spanien (El Masrar 2010: 38f). Auch die Art der Anwerbung baut auf den kaiserzeitlichen Bemühungen auf: Menschen wurden mit befristeten Verträgen als Arbeitskräfte angeworben. Kien Nghi Ha: «Da MigrantInnen als *ArbeiterInnen minderen Rechts* konzipiert wurden, sollten sie in regressiven Wirtschaftsphasen als Erste ihre unsicheren Arbeitsplätze verlieren und zurückkehren. Einerseits wollte die deutsche Seite durch den ‹Export› von arbeitslosen, kranken oder alten MigrantInnen gesetzliche Sozialleistungen und übliche Arbeitgeberpflichten auf Kosten der Gastarbeiter und ihrer Herkunftsländer einsparen. Andererseits wurden durch diese [...] migrantische Pufferfunktion die Arbeitsplätze der deutschen Stammbelegschaft gesichert.» (Ha 2012 [2003]: 70; Hervorhebung im Orig.)

In der Anwerbepolitik waren und sind also geringere Entlohnung, schlechtere Arbeitsbedingungen und die Verweigerung der sonst in der Bundesrepublik Deutschland üblichen Sozialleistungen bereits angelegt; zugleich sollten die schmutzigsten, gefährlichsten und unbeliebtesten Arbeiten von Migrant_innen erledigt werden. Die «Überausbeutung migrantischer Produktivkraft» (Ha 2012 [2003]: 72; vgl. Gültekin 1985; Aufruf 1985) ist zentrales Interesse der Anwerbepolitik. Und auch die Auswahl der Menschen war rein auf Wirtschaftlichkeit orientiert: «In einem systematischen Verfahren untersuchte man die zukünftigen jungen und starken Arbeitskräfte in ihren Heimatländern gründlich auf ihre körperliche und gesundheitliche Verfassung, schaute ihnen wie einem jungen Gaul aufs Gebiss und in den Hals und ließ sie erst ins Land, wenn ihre Tauglichkeit außer Zweifel stand.» (El Masrar 2010: 37) Die inhumane Behandlung zur Selektion der anzuwerbenden Menschen wird aus Situationsbeschreibungen und Interviews deutlich. Filiz Yüreklik beschreibt die eigene Erfahrung:

Es war furchtbar. Wir mußten uns bis auf den Schlüpfer aus-
ziehen und wurden von einem deutschen Arzt untersucht. Wir
standen in einer Reihe, und er schaute uns wie einem Pferd
in den Mund, ob die Zähne gesund sind. Danach mußten wir
Blut und Urin abgeben, damit sie feststellen konnten, ob wir
schwanger oder zuckerkrank sind. (Yüreklik, zit. nach: Ha 2012
[2003]: 79)

In Krisenzeiten ‹bewährte› sich dieses Konzept und waren Mi-
grant_innen bereits während der Rezession Ende der 1960er
und in den 1970er Jahren deutlich häufiger von Arbeitslosig-
keit betroffen als Menschen ohne Migrationshintergrund. So
waren «MigrantInnen etwa in der Rezession 1974/75 – pro-
zentual gesehen – viermal (386 %) so stark wie Deutsche von
Kündigungen betroffen» (Ha 2012 [2003]: 71). Der ‹soziale
Frieden› und die Legitimation des kapitalistischen Systems sollte
so in der Bundesrepublik Deutschland, wie zuvor schon im Kaiserreich und in der Weimarer Republik, auf Basis des Ein- und
Ausschlusses von Migrant_innen stabilisert werden. Erreicht
konnte das auch werden, indem in Zeiten der Krise Migrant_in-
nen deutlicher als ‹Fremde› und ‹Feindbilder› etabliert wurden
– auch in ökonomisch guten Zeiten wurden und werden Mig-
rant_innen bewusst in dieser Position gehalten (vgl. Erel 2012
[2003]; Ferreira 2012 [2003]; Çetin 2012).

«Man wird hier nur als Arbeitstier oder Exotin akzeptiert»

«Ich heiße Inci. Ich bin hier nach Deutschland gekommen,
ohne ein Wort Deutsch zu können. Ich wollte das hier lernen, aber man hat mir kaum Gelegenheit dazu gegeben.
Ich hatte mich nämlich schon in der Türkei verpflichtet,
Schicht zu arbeiten, obwohl ich gar nicht wußte, bewußt
wußte, was das bedeutet. Sicher, sie haben uns das damals schon übersetzt, den Vertrag, es waren damals etwa
100 Leute im Raum, die haben das schnell runtergelesen,
und wir haben alle unterschrieben, aber nachher hat keiner
mehr gewußt, was er unterschrieben hatte. Nach vier Monaten schon fühlte ich mich überhaupt nicht mehr wohl,
ständig Kopfschmerzen, Magenschmerzen. Ich fühlte mich
einfach unwohl. Ja, da habe ich mich entschieden, in die

Türkei zurückzufahren. Ich ging zu meinem Chef und sagte ihm, ich möchte sehr gerne wieder zurückkehren. Der sagte mir, das geht nicht, Sie haben sich für ein Jahr verpflichtet hier zu bleiben und zu arbeiten, Sie haben ein Flugticket bekommen, Sie haben einen Platz im Wohnheim bekommen, und wenn Sie sich für vier Jahre verpflichtet haben, dann müssen Sie die vier Jahre arbeiten, sonst müssen Sie alles bezahlen bzw. zurückerstatten. D.h. der Druck ist für mich noch stärker geworden, ich wußte jetzt gar keinen Ausweg mehr. Dann habe ich gesagt, wie wär's, wenn ich nur eine Schicht jetzt arbeite und dann in die Schule gehe und ein bißchen Deutsch lerne, damit ich mich wenigstens ein bißchen verständigen kann. Die Sprache ist sehr wichtig für Kontakte, und ich finde keine Kontakte. Man wird als Orientalin nur als Arbeitstier oder als Exotin akzeptiert, aber nicht als Mensch. Da sagte er: ‹Nein, Sie haben sich in der Türkei schon verpflichtet, Doppelschicht zu arbeiten, mindestens ein Jahr lang›, und da kann ich jetzt nicht raus.

Ich habe also ein Jahr lang Doppelschicht gearbeitet, ich konnte nicht anders, das heißt Frühschicht und dann Spätschicht, da kann man natürlich nicht noch deutsch lernen. Die Frauen haben sich gerade noch am Wochenende zusammengesetzt und haben zwei Stunden deutsch gelernt, und das war überhaupt nicht ausreichend.

Und meine Erfahrung, wenn ich mal in einem Lokal oder irgendwo war, hieß gleich: ‹Sprechen Sie deutsch?› Ich konnte mich nie richtig verständigen, und wenn jemand mit mir geredet hat, dann in einer Weise, daß ich am liebsten gebrüllt hätte: ‹Warum sprechen Sie so falsch, reden Sie doch so, daß ich wenigstens richtiges Deutsch lerne.› Das hat mich ganz fertig gemacht, daß ich Bauchschmerzen hatte, Nierenschmerzen, ständig war ich beim Arzt. Im ersten Jahr meines Aufenthalts hier bin ich, glaube ich, sechs Monate im Krankenhaus gewesen mit allen möglichen Schmerzen, aber man hat das auch nicht akzeptiert, mich nicht ernst genommen. Ich habe mich so schlecht gefühlt. Als Frau, als kranke Frau wurde ich nicht akzeptiert, auch nicht in Krankenhäusern, auch nicht von Ärzten. Und ich habe solche Schmerzen gehabt, Unterleibsschmerzen, Schmerzen, ich weiß nicht, im ganzen Körper, und ich habe das dem Arzt wohl immer so halbwegs erklären können. Und ich habe Heimweh gehabt, starke seelische Schmerzen, und der Körper hat auch prompt darauf reagiert, und alle haben gelacht darüber und haben gesagt: ‹Ach, sie hat vielleicht ihre Periode bekommen, diese Schmerzen hat jede Frau, und sie ist so wehleidig›. Ja, ich hatte auch Wehen gehabt, ich wollte mit jemandem darüber reden. Ich bin ganz alleine nach Deutschland gekommen. Ja, und jetzt möchte ich ein bißchen springen.

Ich bin 1979 wieder nach Deutschland gekommen. Ich hatte da schon eine Tochter und war mit einem Deutschen verheiratet. Da dachte ich mir, ach, jetzt kann ich ganz gut deutsch reden, ich fühle mich auch besser, ich kann dann deutsch mit den Leuten reden und würde als Mensch akzeptiert.

Wir sind also nach Berlin und haben da in einem Zimmer bei einer Freundin vorübergehend gewohnt. Als ich dann angerufen habe wegen einer Wohnung, war immer gleich die erste Frage: ‹Was für eine Nationalität haben Sie?› und ich sagte dann: Türkin. ‹Es gibt keine Wohnung›. Dann mußte ich sagen: ich bin mit einem Deutschen verheiratet! ‹Ach ja, dann soll ihr Mann kommen, oder ihr Mann soll anrufen!›. Ich bin kein Mensch. Mein Mann ist ein Mensch, weil er ein Deutscher ist, und weil er ein Mensch ist, und ich gehöre auch dazu, bin ich auch so ... ein halber Mensch. Und dann die ständigen Spannungen in mir, zwischen mir und meinem Mann. Auf der Straße habe ich mich nicht wohlgefühlt. Ich bin auf Wohnungssuche gegangen, habe die eleganteste Kleidung angezogen, bin mit einem Taxi hingefahren, bemüht zu zeigen, daß ich ja nicht eine solche Türkin bin, oder überhaupt so eine Ausländerin. Wie konnte ich überhaupt so etwas tun??

Die Menschen zwingen einen hier dazu, die Gesellschaft zwingt mich daß ich mich anders zeige. Aber mein Körper, mein seelischer Zustand: der hat darunter gelitten. Ich weiß es nicht. Ich habe eine jahrelange Therapie hinter mir, und ich fühle mich heute noch als schwarze Inci als Türkin, ich meine, ich fühle mich ..., früher habe ich mich als Frau sehr diskriminiert gefühlt, ja auch in der Türkei und in anderen Ländern, als Frau, man ist nicht akzeptabel, aber hier, als Ausländerin noch dazu, das ist unwahrscheinlich schlimm, als Frau und als Ausländerin.» (aus: Bargan et al. 1985: 55ff)

Die Grundlage für die dauerhaft ungleiche Behandlung von Migrant_innen liegt im deutschen Staatsbürgerschaftsrecht, mit dem selbst Menschen mit Migrationshintergrund, die in zweiter oder dritter Generation in der Bundesrepublik Deutschland leben, keine deutsche Staatsangehörigkeit erhalten und ihnen damit elementare Bürgerrechte und Möglichkeiten politischer Teilhabe vorenthalten werden (Erel 2012 [2003]; Ha 2012 [2003]). Aber auch hier schließt sich der Rahmen: Im Jahr 2000 lediglich modifiziert, aber nicht grundlegend revidiert, geht das Staatsbürgerrecht auf das *Reichs- und Staatsangehörigenrecht* aus dem Jahr 1913 zurück. Es ist damit grundlegend geprägt von völkisch-nationalistischen und von rassistischen Vorstellungen (vgl. Ha 2012 [2003]: 91). Nachhaltig wurden und werden Menschen so als ‹zweitklassig› etabliert, die ökonomisch ausgebeutet, aber an politischer Mitbestimmung – und damit der Möglichkeit zur Verbesserung der eigenen Position – gehindert werden.

Es zeigt sich damit auch deutlich, dass der gesellschaftliche Ausschluss von Menschen mit Migrationshintergrund gerade nicht etwas Zufälliges ist oder etwas, was einfach von einer ressentimentbeladenen Bevölkerung – oder gar wenigen Neonazis – ausgehen würde. Vielmehr erweist sich die Position migrierter Menschen und ihrer Nachkommen als explizit institutionell organisiert und an wirtschaftlichen Interessen orientiert. Entgleitet dieser Zusammenhang, so wird eine wichtige Ausgangsbasis der rassistischen Debatten, die insbesondere in wirtschaftlichen Krisenzeiten stärker geführt werden, unsichtbar. In Zeiten des Abschwungs werden Migrant_innen so zu ‹Sündenböcken›, die den Arbeitsmarkt ‹überschwemmen› würden. Metaphern der ‹Flut› und der ‹Überschwemmung› werden verwendet, um Migration als etwas Bedrohliches erscheinen zu lassen – und den strukturellen Hintergrund der Situation von migrierten Menschen und ihren Nachkommen zu vernebeln (Aufruf 1985; Ratsch 1985; Kang 1990; Ha 2012 [2003]). Gleichzeitig wird auch hier an rassistische Muster mit langer kolonialer Tradition angeschlossen, die nicht selten geschlechtlich und sexuell beladen sind (vgl. El-Tayeb 2012 [2003]; Petzen 2011 [2005]; Wolter 2011 [2010]).

Die Situation von Frauen ist vor diesem Hintergrund noch einmal deutlich schwieriger. Das bezieht sich nicht nur auf Löhne, die selbst im Vergleich zu denen der männlichen Migrierten noch einmal um 20 Prozent geringer sind (vgl. Aufruf 1985). Bedeutsam ist auch die aufenthaltsrechtliche Situation: Da zahlreiche der Frauen im Zuge von Familienzusammenführungen in die Bundesrepublik Deutschland gekommen sind, wurde und wird ihnen ein eigenständiger Aufenthaltstitel verwehrt. Seit 1981 – noch unter der Koalition aus SPD und FDP – wurden dabei die aufenthaltsrechtlichen Bestimmungen immer weiter verschlechtert und Frauen von den Ausländerbehörden dazu genötigt, auch in Ehen, in denen der Lebenspartner gewalttätig war, zu bleiben. In den ersten Jahren hatten und haben die ‹nachgezogenen Familienangehörigen› keinen dauerhaften eigenständigen Aufenthaltstitel für die Bundesrepublik Deutschland – sie sind entsprechend von dem erwerbsarbeitenden Partner abhängig, der auch nachweisen muss, dass der Unterhalt für die gesamte Familie aus eigener Erwerbsarbeit bestritten wird. Schon 1985 hielten Bargan et al. fest: «Die ausländischen Familien leben unter ständig steigender Existenzangst. Verordnungen, Verfügungen, Ausländergesetze schränken die Überlebensmöglichkeiten in der BRD immer mehr ein, setzen die Menschen unter unerträglichen Druck, schaffen ausweglose Situationen. Die gefährlichsten und gesundheitsschädlichsten Arbeitsplätze werden Ausländern zugeschoben, meist unter Mißachtung der Arbeitsschutzgesetze, und dann gilt Krankheit als Ausweisungsgrund […].» (Bargan et al. 1985: 65) 1985 forderten daher die Schwarzen und weißen Frauen beim Frankfurter «Ersten gemeinsamen Frauenkongress»:

- *eigenständiges Aufenthaltsrecht und Arbeitserlaubnis für Frauen unabhängig von den familiären Voraussetzungen, Abschaffung des § 19 AFG [Arbeitsförderungsgesetz, Anm. HV];*
- *ab sofort keine Begrenzung des Ehegatten- und Kindernachzuges. Keine Begrenzung der Eheschließungsfreiheit;*
- *sofortiger Stop der Abschiebungen von Frauen bei Rückkehr des Ehemannes, Trennung vom Ehemann, Sozialhilfebezug, Krankheit, Tod oder Inhaftierung des Ehemannes;*
- *internationale Verträge zum Schutz von Frauen und Mädchen vor geschlechtsspezifischer Verfolgung und sexistischer Gewalt. (Ratsch 1985: 47)*

Statt Verbesserungen wurden von Seiten der wechselnden Bundesregierungen – beginnend mit der Sozialliberalen Koalition

– zunehmend Verschlechterungen durchgesetzt. Perfider Weise unter dem Titel «Gesetz zur Bekämpfung der Zwangsheirat und zum besseren Schutz der Opfer von Zwangsheirat…» wurde dabei zuletzt 2011 die Sperrfrist für einen eigenständigen Aufenthalt von zwei auf drei Jahre erhöht und wird dann zunächst nur ein eigenständiger Aufenthalt über ein Jahr erteilt. Besteht seit dem Jahr 2001 auch die Möglichkeit, dass gleichgeschlechtliche Partnerschaften binational begründet werden bzw. Familiennachzug erlaubt wird, so gelten auch hier die Begrenzungen des eigenständigen Aufenthalts der_des zuziehenden Partner_in. Sie_er wird aufenthaltsrechtlich in eine abhängige Position gepresst, der sie_er auch nicht entrinnen kann, wenn der_die Partner_in gewalttätig ist.

Auch die Situation der ‹Vertragsarbeiter_innen› in der DDR war, was die wirtschaftlichen Interessen und den Umgang mit den angeworbenen Menschen angeht, keine grundlegend andere. «Angeworben wurden vornehmlich junge Arbeiter/innen, da die DDR in erster Linie eine Art ‹Humankapital› in ihnen sah und daher gezielt darauf achtete, dass vermehrt gesunde, junge und arbeitsfähige Menschen einreisten. Arbeitsmigrant/innen wurden oft dort eingesetzt, wo DDR-Bürger/Innen sich weigerten die Arbeit auszuführen und mussten daher zum Teil gefährliche und schmutzige Arbeiten verrichten.» (Knoll 2011: 37) Vertragsarbeiter_innen wurden aus den sozialistischen ‹Bruderländern› Bulgarien, Angola, Mosambik, Kuba, Mongolei und China angeworben. Mit ihnen wurden Verträge geschlossen, die die Rechte in der DDR einschränkten und Gemeinschaftsunterbringung vorschrieben. Die Verträge gingen oft über sieben Jahre und sahen danach die Rückkehr vor; Sonderregelungen drohten mit einer Rückkehr vor Vertragsablauf, etwa wenn eine Vertragsarbeiterin schwanger wurde (Piesche 2006; Knoll 2011). Untergebracht wurden die DDR-Vertragsarbeiter_innen zentralisiert in Heimen, fernab der Wohngegenden der nicht-migrierten Bevölkerung – auch dies ähnelt der Situation in der BRD, wo zunächst der Kontakt zwischen Eingewanderten und nicht-migrierter Bevölkerung durch separierte Unterbringung und die Arbeit in unterschiedlichen Werkhallen erreicht werden sollte (El Masrar 2010; Wolter 2011: 18).

Selbst die Begründungszusammenhänge waren ähnlich – so wurde in der internen gesellschaftlichen Debatte und auch nach außen die DDR als das ‹demokratische Deutschland› stilisiert, das im Gegensatz zur BRD mit der NS-Vergangenheit gebrochen habe. Die Erzählweise der BRD ist hingegen hegemonial geworden: In dieser tritt die BRD als das ‹demokratische Deutschland› auf, wogegen die DDR zentralistisch, unfreiheitlich und undemokratisch gewesen und die Ursache für Rassismus und die Pogrome nach 1990 in ihrer Struktur zu suchen sei (exemplarisch: Poutrus et al. 2002; kritisch dazu: El-Tayeb 2012 [2003]: 131f). Mit beiden Lesarten wird der strukturelle Rassismus vernebelt und die NS-Vergangenheit negiert. Denn wie sollte der deutsche Staat mit seinen Eliten, die deutsche Gesellschaft, die mehrheitsdeutsche Bevölkerung sich in kurzer Zeit von einer mordenden Horde zu Anhänger_innen der Demokratie gewandelt haben? Hier erleichterte (und erleichtert noch) die Teilung in BRD und DDR simpelste Erklärungen und verhindert eine wirksame Aufarbeitung der NS-Vergangenheit sowie der völkisch-nationalistischen und kolonialistischen Prägung der Gesellschaft – und damit auch die wirksame Thematisierung und Bekämpfung von Rassismus (El-Tayeb 2012 [2003]: 131f).

War in der BRD die wirtschaftliche Verwertbarkeit von Migrierten zentral und freute sich so der frühere NS-Jurist und Ministerpräsident Baden-Württembergs Hans Filbinger über den «Import [...] ‹junger frischer› Gastarbeiter» (vgl. Ha 2012 [2003]: 70), so war dieses System immer auf die Rückkehr der Menschen in wirtschaftlich schlechteren Zeiten orientiert. In solchen Zeiten wurde dann nicht ‹nur› eine rassistische Politik bei der Entlassung aus Erwerbsarbeit durch die Unternehmen betrieben, sondern in medialen und politischen Diskursen rassistische Ressentiments geschürt. Im Juli 1973 titelte etwa die Zeitschrift *Spiegel*: «Die Türken kommen – rette sich wer kann». Seit den Krisen der 1970er Jahre wurden in der BRD offene rassistische Ressentiments medial stark gemacht, seit 1981 die Zuzugsregelungen durch die sozialliberale (SPD/FDP) Koalition erschwert. Im Regierungsprogramm der Kohl-Regierung (CDU/FDP) wurde Anfang der 1980er Jahre festgelegt, dass die Hälfte der migrierten Bevölkerung aus der Bundesrepublik Deutschland vertrieben werden sollte (vgl. Ratsch 1985; Kang 1990). 1990 erhielt die Debatte weiteren Auftrieb und erschienen zahlreiche Publikationen, Zeitschriften und Bücher, die Migrierte diskreditierten und das Bild der ‹Überschwemmung› Deutschlands und Europas durch Migrierende zeichneten (Ha 2012 [2003]: 87).

1991 intensivierten CDU und CSU die Debatte weiter – und das während Neonazis öffentliche Räume zunehmend und sichtbar besetzten.

Der weißen mehrheitsdeutschen Bevölkerung im Westen wie im Osten war offensichtlich noch klar, wer denn ‹bedrohen› würde und wer ‹bedroht› sei. Völkisch-nationalistische Stereotype mit klaren – gerade körperlichen, später auch zunehmend kulturellen – Vorstellungen, wer denn zur ‹deutschen Bevölkerung› zu zählen sei und wer diese ‹überfremden› würde, waren erhalten, wurden bedient und befeuert (vgl. Ferreira 2012 [2003]; Erel 2012 [2003]; Petzen 2011 [2005]: 28ff; explizit für die DDR vgl. Piesche 2006). So klatschten während der mehrtägigen Pogrome im August 1992 in Rostock-Lichtenhagen 3000 Menschen den Neonazis Beifall, die eine Unterkunft von Familien vietnamesischer Herkunft attackierten. Sie boten den Neonazis Schutz vor der Polizei, die selbst nicht in der Lage oder gewillt war, die Gewalt in den Griff zu bekommen. Statt die Pogrome konsequent zu verurteilen und endlich Rassismus als strukturelles deutsches Problem wahrzunehmen und ihm zu begegnen, nutzte die Regierungspolitik die Ausschreitungen in ihren eigenen rassistischen Kampagnen. So erklärte der damalige Bundesinnenminister Rudolf Seiters: «Die Übergriffe haben gezeigt, dass die jetzige Gesetzeslage nicht ausreicht. Dem Hauptproblem, dem unkontrollierbaren Zustrom von Wirtschaftsflüchtlingen vor allem aus Osteuropa, kann nur mit einer Verschärfung des Gesetzes begegnet werden.» (zit. nach: Fischer 2007: 312) Seiters war dabei nur eine der Stimmen deutscher Politiker_innen quer durch alle Lager, die die Gewalt der Neonazis und den Rassismus der mehrheitsdeutschen Bevölkerung rechtfertigten. Die Regierungskoalition aus Union und FDP, unterstützt von der SPD, nutzte die Situation aus, um im Mai 1993 «das Asylrecht in Deutschland faktisch [abzuschaffen]» (ebd.) – sie setzte in der Europäischen Union die Drittstaatenregelung durch, mit der Menschen, die durch einen ‹sicheren Drittstaat› in die BRD eingereist waren, in diesen Staat wieder abgeschoben werden konnten. In der gleichen Woche starben bei einem rechtsradikalen Brandanschlag in Solingen fünf Frauen und Mädchen. (Vgl. Fischer 2007)

Die massive Verschlechterung der Lebensbedingungen von Menschen mit Migrationshintergrund und People of Color, Widerstand und Selbstbewusstsein waren dafür bedeutsam, dass sich seit den 1980er Jahren Gruppen Schwarzer Frauen/Lesben und Frauen/Lesben of Color gründeten. Wichtig waren insbesondere auch Kongresse, auf denen sich Frauen/Lesben of Color über Positionen verständigten und die teilweise auch für weiße Frauen offen waren. Im Juli 1983 fand der erste solche Frauenkongress statt, zu dem über 1000 Frauen kamen und an den sich die Publikation *Sind wir uns denn so fremd? Ausländische und deutsche Frauen im Gespräch* (1985) anschloss; 1986 erschien eine erste Publikation, in der Schwarze deutsche Frauen ihre Erfahrungen in Deutschland gebündelt und aktivistisch darstellten: *Farbe bekennen: Afro-deutsche Frauen auf den Spuren ihrer Geschichte*. Nicht zuletzt hatte der Berliner Aufenthalt der afro-amerikanischen Schriftstellerin und Aktivistin Audre Lorde von 1984 bis 1992 bedeutende Auswirkungen auf die Selbstorganisierung afro-deutscher Frauen (Gerund 2008; Piesche 2012). Frauen of Color gründeten zunehmend Gruppen. So entstand 1984 der lesbisch-feministische Schabbeskreis, in dem sich jüdische und nichtjüdische Frauen mit Antisemitismus in der Frauenbewegung befassten und sich auch Fragen jüdischer Geschichte zuwandten (vgl. Jacoby / Magiriba Lwanga 1990; Baader 1993). 1986 gründeten Schwarze Frauen und Lesben aus aktivistischen Zusammenhängen heraus und inspiriert auch von Audre Lorde ADEFRA (Schwarze Frauen in Deutschland) (vgl. Piesche 2012). 1992 entstand in Berlin die erste deutsche Gruppe von Lesben aus der Türkei, in der sich die Frauen einerseits vernetzten und austauschten und politisch Rassismus, Sexismus und Heterosexismus thematisierten (İpekçioğlu 2007).

Die Wendejahre 1989/1990 und die beginnenden 1990er Jahre, die von weißen Deutschen als ‹bewegt› wahrgenommen wurden, waren für Schwarze Menschen und People of Color lebensbedrohlich. Die massive weiß- und deutsch-nationalistisch aufgeheizte Stimmung wird aus zahlreichen Aufsätzen deutlich – in die hegemoniale weiße Betrachtung der Wendejahre gingen sie indessen nicht ein. Dort ist von Feiern die Rede und werden die vielen Übergriffe und Morde gegen Schwarze Menschen und People of Color verschwiegen oder ‹bagatellisierend› ostdeutschen Neonazis zugeschrieben. Aslan Erkol und Nora Winter haben in dem Beitrag *183 Todesopfer rechtsextremer*

und rassistischer *Gewalt seit 1990* (2013) die Namen der Todesopfer und die Tathintergründe erfasst. Dass die Übergriffe
und Morde bundesweit stattfanden, dass tausende Menschen
Beifall klatschten, dass selbst nach den Übergriffen die Schuld
nicht bei den weißen Deutschen gesucht wurde, sondern Tä-
ter_innen und Opfer verkehrt wurden, ist aus dem hegemonialen, dem weißen ‹Wende-Erinnern› ausgelöscht. May Ayim,
Westberliner Logopädin ghanaischer Herkunft und deutscher
Muttersprache beschreibt ihre Erfahrungen im Jahr 1990:

Seit 1984 lebe und arbeite ich in Westberlin und bin in dieser
Stadt mehr zu Hause als irgendwo sonst. Dank meines nicht
ausgeprägten Orientierungssinnes verlaufe ich mich jeden Tag
in den Straßen, aber dennoch, im Vergleich zu den Städten, in
denen Ich bisher gewohnt und studiert habe, war Berlin stets
ein Ort, an dem ich mich recht geborgen fühlte. Meine Haut-
farbe ist im Straßenbild kein außergewöhnlicher Blickfang, ich
werde hier nicht jeden Tag für mein gutes Deutsch gelobt und
nur selten bin ich in Seminaren, bei Veranstaltungen oder Par-
ties die einzige Schwarze inmitten einer unbestimmten Zahl von
Weißen. Ich muss mich zwar häufig, aber nicht ständig erklä-
ren. Ich erinnere mich an frühere Zeiten, in kleinen westdeut-
schen Städten, wo ich oft das Gefühl hatte, unter ständiger
Beobachtung zu stehen, an stets forschenden und fragenden
Blicken zu erkranken. [...]

In den ersten Tagen nach dem 9. November 1989 bemerk-
te ich, dass kaum ImmigrantInnen und Schwarze Deutsche im
Stadtbild zu sehen waren, zumindest nur selten solche mit dunk-
ler Hautfarbe. Ich fragte mich, wie viele Jüdinnen (nicht) auf der
Straße waren. Ein paar Afro-Deutsche, die ich im Jahr zuvor in
Ostberlin kennengelernt hatte, liefen mir zufällig über den Weg
und wir freuten uns, nun mehr Begegnungsmöglichkeiten zu
haben. Ich war allein unterwegs, wollte ein bisschen von der
allgemeinen Begeisterung einatmen, den historischen Moment
spüren und meine zurückhaltende Freude teilen. Zurückhaltend
deshalb, weil ich von den bevorstehenden Verschärfungen in
der Gesetzgebung für ImmigrantInnen und Zufluchtsuchende
gehört hatte. Ebenso wie andere Schwarze Deutsche und Im-
migrantInnen wusste ich, dass selbst ein deutscher Pass keine
Einladungskarte zu den Ost-West-Feierlichkeiten darstellte. Wir
spürten, dass mit der bevorstehenden innerdeutschen Vereini-
gung eine zunehmende Abgrenzung nach außen einhergehen

würde – ein Außen, das uns einschließen würde. Unsere Beteiligung am Fest war nicht gefragt.

Das neue «Wir» in – wie es Kanzler Kohl zu formulieren beliebt – «diesem unseren Land» hatte und hat keinen Platz für alle.

«Hau ab du Neger, hast du kein Zuhause?»

Zum ersten Mal, seit ich in Berlin lebte, musste ich mich nun beinahe täglich gegen unverblümte Beleidigungen, feindliche Blicke und/oder offen rassistische Diffamierungen zur Wehr setzen. Ich begann wieder, beim Einkaufen und in öffentlichen Verkehrsmitteln nach den Gesichtern Schwarzer Menschen Ausschau zu halten. Eine Freundin hielt in der S-Bahn ihre Afro-deutsche Tochter auf dem Schoß, als sie zu hören bekam: «Solche wie euch brauchen wir jetzt nicht mehr, wir sind hier schon selber mehr als genug!» Ein zehnjähriger afrikanischer Junge wurde aus der vollen U-Bahn auf den Bahnsteig hinaus gestoßen, um einem weißen Deutschen Platz zu machen ... (Ayim 2012: 55f)

Diese Beschreibungen fehlen in weißen Wendeberichten, und so kamen auch zu den antirassistischen Demonstrationen nach Übergriffen und gegen die Verschärfung des Ausländergesetzes in den beginnenden 1990er Jahren oft kaum weiße linke Menschen (Ayim 2012: 59). Seit den beginnenden 1990er Jahren bestand damit noch mehr Notwendigkeit für Selbstorganisation und Engagement. Die Frauen/Lesben bauten auf den Ansätzen der 1980er Jahre auf. Auch und gerade Migrantinnenkongresse bildeten die Grundlage für neue Bündnisse und unterstützten die weitere Thematisierung der Situation von Schwarzen, migrierten und jüdischen lesbischen Frauen entscheidend (vgl. Ani et al. 2007: 297). Rassismus unter weißen Frauen/Lesben wurde so thematisierbar. Die von Rassismus betroffenen Frauen konfrontierten die weißen, mehrheitsdeutschen Frauen und Lesben in der Frauen-/Lesbenbewegung und machten Ausschlüsse und Rassismus sicht- und behandelbar, so dass dort heute Rassismus zumindest thematisiert wird – im Gegensatz zu der schwulen Szene, in der die Reflexion über den Rassismus und Nationalismus der weißen, mehrheitsdeutschen Schwulen noch nahezu vollständig aussteht. Durch das Streiten von Selbstorganisationen ist Rassismus mittlerweile in einigen gesellschaftlichen Bereichen Thema geworden und werden konkrete politische Kämpfe möglich. Allerdings beschränkt sich dieses Streiten nach wie vor auf Subkulturen und kommt es nicht in der notwendigen Breite in der weißen Gesellschaft und den weißen wissenschaftlichen Institutionen an (FeMigra 1994; Kilomba 2009).

So ist es nicht verwunderlich, dass die zentralen gesellschaftlichen Entwicklungen gerade nicht von den weißen (wissenschaftlichen) Institutionen initiiert oder auch nur begleitet werden, sondern das Streiten weiterhin ehrenamtlich und oftmals prekär stattfindet, etwa von Menschen, die sich in Vereinen organisieren und möglicherweise finanzielle Mittel – immer nur vorübergehend und damit immer drastisch institutioneller Kontrolle unterworfen – einwerben können (bzw. müssen). Initiale für neue – auch queere – Perspektiven kommen so weiterhin insbesondere von und aus dem Umfeld von Selbstorganisationen, u. a. von ADEFRA, LesMigras (Lesbische/bisexuelle Migrant_innen und Schwarze Lesben und Trans*Menschen) und GLADT (Gay and Lesbians aus der Türkei), und oft gerade von Trans*-Personen.

3 ‹Ums Ganze›: aktuelle politische Kämpfe

Von Heinz-Jürgen Voß

Queer antikapitalistisch zu streiten wird aktuell von vielen linken emanzipatorischen Menschen als zu entwickelnde Notwendigkeit beschrieben. Dafür lässt sich gut an die queeren Bewegungen anschließen, wie bei dem Durchgang durch die zentralen Eckpunkte queerer Geschichte und Theoriebildung deutlich wurde: Queere Kämpfe richteten sich gegen gewalttätige Übergriffe staatlicher Institutionen – der Polizei – und waren mit ökonomischen Fragen verwoben. In der New Yorker Christopher Street, wie zuvor schon in San Francisco, kämpften insbesondere und mit großer Intensität obdachlose Jugendliche, Menschen der Arbeiterklasse, Trans* und Drag of Color. Auf die Gegenseite – die der Polizei und Staatsgewalt – stellten sich später die im System ‹angenommenen› Schwulen und Lesben der Mittelschicht, indem sie queeren obdachlosen Jugendlichen und Sylvia Rivera den Zutritt zum Lesben- und Schwulenzentrum in winterlicher Kälte verwehrten und damit die verbalen und zum Teil körperlichen Angriffe, die sich von Lesben und Schwulen gegen Trans*-Personen of Color richteten, auf eine neue und direkt lebensbedrohliche Eskalationsebene hoben.

Eine ähnliche Spaltung der Interessen etabliert sich seit Jahren in der Bundesrepublik. Obdachlosigkeit, Suizidversuche und Suizide sind bei queeren Jugendlichen besonders verbreitet. 18 Prozent der lesbischen und schwulen Jugendlichen haben bereits mindestens einen Suizidversuch hinter sich (Senatsverwaltung Berlin [Hg.] 1999; vgl. Council of Europe [Hg.] 2011: 106f), bei Trans*-Personen geben Studien Hinweise darauf, dass sogar mehr als 30 Prozent der Jugendlichen mindestens einen Suizidversuch unternommen haben (Council of Europe [Hg.] 2011: 106f). Trans*-Personen erleben in der aktuellen Gesellschaft massive psychische und physische Übergriffe, die sowohl nicht-staatlich durch transphobe Menschen erfolgen, andererseits direkt staatlich organisiert sind, etwa durch die institutionelle Förderung ausschließender Zweigeschlechtlichkeit und das Trans* pathologisierende medizinische System (Allex [Hg.] 2012). Waren wie in den USA auch in den Gruppen in der BRD und DDR der 1970er und 80er Jahre, die für schwule Emanzipation stritten, zunächst insbesondere Trans*-Personen, Drags und Cis*-Frauen[5] aktiv, so hat sich auch hier eine massive Wandlung vollzogen. Heute wird die Schwulenpolitik von Cis*-Männern der weißen Mittelklasse dominiert, die eigene Interessen verfolgen. Sie richten sich darauf, dass weiße Schwule der Mittelklasse an allen Privilegien teilhaben können, die auch die heterosexuellen weißen Cis*-Männer der Mittelklasse in der Gesellschaft haben – arme Schwule, Frauen, People of Color und Menschen, die sich nicht klar geschlechtlich oder sexuell identifizieren, werden weiter diskriminiert.

Das zeigt sich im Agieren des größten deutschen Schwulen-Verbandes, des LSVD, der sich zuletzt fast ausschließlich für die Teilhabe von Schwulen (und Lesben) an ehelichen Privilegien einsetzte, hingegen Sexismus, Transphobie und Rassismus in der bundesrepublikanischen Gesellschaft – und dort auch unter Schwulen und Lesben – nicht oder nur randständig thematisierte. Bezogen auf Queers of Color nahm er sogar verschiedentlich eine Position ein, die sich rassistisch gegen sie richtete. Die vermeintliche ‹Opferberatung› Maneo geht in eine ähnliche Richtung und ist ein zentraler rassistischer Akteur, der sich an der Fortführung kolonialer Klischees beteiligt: Auf der einen Seite sei der ‹bedrohte› weiße Schwule, auf der anderen Seite wird in kolonialer Tradition das Bild des übergriffigen ‹Anderen› skizziert (vgl. Yılmaz-Günay (Hg.) 2011b; Wolter 2011). Maneo versucht gar, entsprechende Daten explizit herzustellen – der Maneo-Mitarbeiter Bastian Finke mutmaßte so in Pressemitteilungen und bei Veranstaltungen über eine besondere Übergriffigkeit von People of Color gegenüber weißen Schwulen, obgleich die eigene Datenbasis keine Anhaltspunkte dafür gab

---

5   Als Antonym zu ‹trans*›-gender bezeichnet ‹cis*›-gender Menschen, bei denen die Geschlechtsidentität mit der gesellschaftlich als ‹passend› betrachteten Geschlechterrolle – bei Geburt zugewiesen und in der Regel nie hinterfragt – übereinstimmt. Der Begriff wurde von ‹Trans*›-Initiativen als politischer Begriff definiert, um die gesellschaftliche Abwertung von Trans*-Personen durchkreuzen und Zweigeschlechternorm besser thematisieren zu können.

(und zudem methodisch statistische Standards nicht einhält) (vgl. Ruder 2011 [2007]; Buchterkirchen 2007; Blech 2009). Grundlegend dafür, dass der von LSVD und Maneo betriebene Rassismus funktioniert, sind die Herstellung und das Festhalten an klaren Identitäten: Weiß, schwul, Mittelklasse sei von Schwarz, hetero, arm bedroht. Was sich in Berlin zugespitzt an Rassismus beobachten lässt, zeigt sich auch bundesweit etwa in den Zeitschriften der schwulen Community: Neben den rassistischen Titeln, die zumindest einige kritische Reaktionen hervorriefen, wie «Türken raus!» – mit Untertitel «Vom Coming-out in zwei Kulturen» – (Siegessäule, November 2003), «Noch ist Polen nicht verloren...» (respekt, März 2006) und «HIV-Infektionen: Schwarze Aussichten für nächstes Jahr» – mit einem Schwarzen Menschen mit Weihnachtsmannmütze als ‹Cover-Illustration› – (exit, Dezember 2008), erscheinen stetig Beiträge, die sich nationalistisch und rassistisch an den aktuellen deutschen Großerzählungen beteiligen, dass insbesondere Schwule und Cis*-Frauen der weißen und christlich-atheistischen Mehrheitsgesellschaft von ‹den Anderen› bedroht seien, wobei insbesondere Muslim_innen als gefährlich stilisiert werden.

Dieses Vorgehen verkehrt die Schuld. Es lenkt ab von den Ausschlüssen aus der schwulen Szene, in der es – entgegen dem Antidiskriminierungsgesetz – mittlerweile Standard ist, dass Frauen in viele Locations nicht eingelassen werden. Wiederholt kamen People of Color nicht in schwule Clubs. So berichtete die *Siegessäule* nach wiederholten rassistischen Vorkommnissen in der schwulen Szene Berlin Schönebergs im Juli 2010 über den Club Connection: «Die Entwicklung, dass Asiaten nicht in bestimmte schwule Etablissements in Schöneberg eingelassen werden, gibt es schon länger.» (Siegessäule online, Juli 2010) Sexuelle Vorlieben der weißen Stammklientel, die nicht zuletzt von kolonialen Zuschreibungen geprägt sind, werden dabei sogar als legitimierender Vorwand angeführt, um rassistisch diskriminieren ‹zu dürfen›. So erklärte ein Mitarbeiter des *Connection* auf Nachfrage nach dem Vorfall: «Leider kommen viele Gäste nicht, wenn zuviel Asiaten im Club sind. Wir versuchen, es allen recht zu machen.» (ebd.) Wer gewünschte «Gäste» sind und wer ausgeschlossen bleibt, wird hierbei deutlich (Wolter 2010). Diskriminierung ist mittlerweile zum Grundpfeiler schwuler Subkultur geworden und ist offenbar so akzeptiert, dass sich die Betreiber schwuler Locations nicht einmal die Mühe machen, sie versteckt durchzuführen. Eine neue Eskalationsebene wurde durch einige Positionierungen einflussreicher weißer Schwuler zur Debatte um die Teilnahme der rechtsextremen Partei Pro Köln am *CSD Köln* erreicht. So argumentierte Olaf Alp, der Verleger der schwulen Magazine *blu*, *rik*, *gab*, *exit*, *hinnerk* und *leo* sowie Betreiber des Radioprogramms *blu.fm* und des einflussreichen und verbreiteten Datingportals für Schwule *gayromeo.com* für die Teilnahme der Rechtsextremen und äußerte selbst rassistische und insbesondere antimuslimische Ressentiments (Blech 2013). Ein anderer Ausschluss ist ebenso zu benennen: Arme Menschen haben oft schon durch den Eintritt keine Chance in Locations zu kommen, es sei denn sie sind aufgrund bestimmter Merkmale für die «Gäste» und somit auch für die Club-Betreiber besonders attraktiv – unter anderem durch Jugendlichkeit und als begehrenswert betrachtete maskuline oder feminine Züge bei jungen Männern.

Einige Schwule der Mehrheitsgesellschaft zielen derzeit offenbar dominant darauf, in der Gesellschaft anerkannt zu sein. Ihr Schwulsein soll nicht mehr als Makel gelten, sondern sie wollen in den hegemonialen Diskursen auf der Gewinnerseite stehen. Plastisch tritt dieses Interesse hervor, wenn das schwule Magazin *hinnerk* mit einer großen Deutschlandkarte in den Farben schwarz, rot, gelb, weiß aufmacht und titelt «Top 100 Schwule, die Deutschland bewegen» (hinnerk, Mai 2006) und die Berliner Initiative Queer Nations zur Gründung eines Magnus-Hirschfeld-Instituts als wünschenswert beschreibt, «dass in wenigen Jahren der Bundespräsident, die Bundespräsidentin dieses Institut eröffne. Das Signal wäre eindeutig: Deutschland ist ein liberales Land, eines, das Homosexuelles wertschätzt und Lesben und Schwule schützt» (Initiative Queer Nations 2013 [2006]). Dass lediglich einige Menschen damit gemeint sind, während etwa Queers of Color, Trans*-Personen und obdachlose Queers weiterhin diskriminiert werden und Flüchtlinge durch eine restriktive Asylgesetzgebung und Rassismus in Deutschland nicht geschützt, sondern bedroht sind, wird ignoriert und teilweise sogar protegiert. In den Gruppen streitender Schwuler, Trans* und Drags der 1970er und 80er Jahre wollten die Streitenden nicht durch eine Institution deutscher Staatlichkeit repräsentiert oder legitimiert werden, vielmehr wandte man sich gegen die repressive Staatlichkeit und stritt gegen den Kapitalismus und seine staatlichen Institutionen und für eine gerechte Gesellschaftsordnung.

Wie Positionen dominant werden können, die zuvor nicht Inhalt des emanzipatorischen Streitens waren, hat unterschiedliche Ursachen, die insbesondere in Arbeiten der Frauen-/Lesbenbewegung thematisiert wurden. Bezogen auf die ‹Schwulenbewegung› ist ein wichtiger Punkt, dass nachdem die gefährlichsten Kämpfe vorbei waren, das Streiten für weiße bürgerliche und klar geschlechtlich identifizierte Schwule ‹attraktiver› wurde, sie das weitere Streiten und die Forderungen dominieren konnten. Die gefährlichen und verletzenden Kämpfe wurden insbesondere von Menschen geführt, für die die Lebensverhältnisse unerträglich waren, was insbesondere dann gegeben war und ist, wenn sie von mehreren gesellschaftlichen Ausschlussfaktoren – Klasse, Sexismus und Zweigeschlechternorm, Rassismus – betroffen waren und sind. Ihre Forderungen waren entsprechend weitreichend und zielten auf neue, auf gerechte gesellschaftliche Verhältnisse. Sie formulierten radikale Positionen, die Staat, Nationalismus und das restriktive Geschlechtermodell angriffen. Mit zunehmender Anerkennung dominierten hingegen Menschen, die darum baten, an dem Staat vollständig Anteil haben zu dürfen und insbesondere Benachteiligungen aufzuheben, die eine Teilhabe an lukrativen und prestigeträchtigen Positionen in der bürgerlichen Gesellschaft verwehren. Konsequent ist es, dass sich die Forderungen seitdem wesentlich auf ‹Ehe›, steuerliche und erbrechtliche Vergünstigungen beschränken.

In der Frauen-/Lesbenbewegung wurde die Wendung, die sich im Streiten der Frauen/Lesben ergab bereits weitreichend diskutiert. Auch hier zeichnete sich insbesondere seit den 1980er Jahren eine Abkehr von radikalen Forderungen an Staat, seinen Institutionen und Kategorien ab und setzten sich Positionen durch, die eine Integration der Forderungen der Frauen/Lesben in die hegemoniale staatliche Politik favorisierten. So ging es auch hier zunehmend um Teilhabe an den lukrativen und prestigeträchtigen Positionen, wurde von einigen Seiten gar formuliert, dass auch die Teilnahme von Frauen an der Bundeswehr Emanzipation darstelle. Ilona Bubeck fasst die Entwicklungen in dem Aufsatz «Eine neue bürgerliche Frauenbewegung?» zusammen (Bubeck 1993). Sie stellt gerade Abhängigkeiten der Frauenprojekte von staatlicher Förderung fest, die schließlich auch Forderungen der Projekte und ihre innere Struktur beeinflussten, und regt an, Klassenverhältnisse wieder stärker zu thematisieren. Bubeck schreibt:

Dazu paßt auch die Tendenz, Frauenprojekte zu gründen bzw. zu erweitern, für die der Staat Geld und vor allem bezahlte Arbeitsplätze bereitstellt. Die politische Motivation und soziale Notwendigkeit eines Frauenprojektes spielen bei den Überlegungen eine untergeordnete Rolle. Das neue Motto lautet: Arbeitsplätze um jeden Preis! Hat der Staat damit nicht zum Teil das erreicht, was er wollte – daß Frauenprojekte entstehen, die er zu unterstützen bereit ist (über die er sich gar noch ein frauenfreundliches Image verschafft), anstatt daß umgekehrt politische Frauenprojekte ihre Finanzierung durchsetzen? Galt es nicht, den Staat auszutricksen und nicht, ihm zu gehorchen? Doch vom Gehorchen scheinen einige Frauen zu profitieren, und in genau diese Falle sind die Projekte gegangen. Einige besser Bezahlte kommen auf ihre Kosten, mit der Folge, daß sich die Politik und Struktur der Projekte insgesamt verändern. [...] Heute sind Stellen im Frauenprojekt für viele nichts weiter als Arbeitsplätze, die als notwendiger Schritt oder gar Sprungbrett für den Aufbau der persönlichen Berufskarriere aufgefaßt werden. Dagegen wäre im einzelnen nichts einzuwenden, wenn diese Haltung nicht insgesamt die Politik und Funktion der Projekte völlig verändert hätte und dem Ausschluß oder der Unterbezahlung ärmerer und geringer qualifizierter Frauen dienen würde. [...] Die Diskussionen in den siebziger Jahren über die Gefahren, die eine Integration der Frauenprojekte (und linken Alternativprojekte) in sich birgt, scheinen vergessen zu sein. (Bubeck 1993: 39f)

Genau das scheint ein zentraler Punkt für aktivistisches Streiten zu sein: Widerständige Aktivitäten und Projekte werden, sofern sie stark werden, staatlich legalisiert und integriert. Finanzielle Mittel und Arbeitsstellen, die zunächst mehr Optionen für das jeweilige Projekt versprechen, verkehren sich innerhalb weniger Jahre zum institutionellen Druckmittel, mit dem eine allzu kritische Positionierung unterbunden wird. Schließlich erlegen sich zahlreiche Projekte selbst auf, Konflikte mit Institutionen zu vermeiden – auch in Rücksicht auf die Auswirkungen auf die angestellten Mitarbeiter_innen. Politische Aktivist_innen werden gespalten, weil stets Diskussionen um ‹Realpolitik› innerhalb der durch Finanzierung auferlegten Schranken auf der einen Seite und radikale Kritik auf der anderen gegeneinander verhandelt werden müssen.

Dieses Integrationsbemühen von Seiten staatlicher Institutionen ist exemplarisch für die Erfurter Hausbesetzer_innen-Bewegung der 1990er Jahren aufgearbeitet: Während mit massivem Polizeieinsatz auf ‹unangemeldete› Besetzungen reagiert wurde, zielten spätere Legalisierungen durch die Behörden insbesondere auf die Eingliederung der ‹Delinquenten› in die Rechtsordnung, insbesondere zur Aufrechterhaltung des Eigentumsrechts und auf Abspaltung und Marginalisierung der radikalsten Personen (Meyerbeer / Späth 2012). Einfach leerstehende Häuser autonom anzueignen und zu bewohnen und damit die zentrale Basis kapitalistischer Gesellschaft – das Eigentumsrecht – punktuell in Frage zu stellen, erregte offensichtlich massiven staatlichen Widerstand.

Queeres Streiten ist von Anfang an – seit den Kämpfen von Sylvia Rivera, Marsha P. Johnson, von Trans*-Personen of Color, Menschen der Arbeiterklasse, obdachlosen Jugendlichen – zentral mit Streiten gegen kapitalistisches Eigentumsrecht, gegen repressive Staatsgewalt, gegen Rassismus verbunden. Aktuell wird dieses Streiten durch die deutliche Involvierung von Queers of Color in die Kämpfe gegen Gentrifizierung in Berlin, New York, Istanbul deutlich. Gerade dort, wo sich Menschen nicht in – identitäre – Gruppen spalten lassen, sondern viele Menschen mit unterschiedlichen Hintergründen gemeinsam streiten, zeigt sich aktuell, dass Demonstrationen, Streiks, Blockaden von Hausräumungen etc. mit tausenden von Teilnehmenden möglich werden.

Die gemeinsame politische Aktion ist dabei nicht ohne Auseinandersetzungen innerhalb der Bewegungen möglich, da etwa die rassistische und antisemitische Einteilung der Menschen auch innerhalb der Gruppen und Bündnisse fortwirken. Es ist für einige Menschen gefährlicher als für andere in solchen Bewegungen zu kämpfen und auch oft mit Verletzungen verbunden. Auch in diesen Bewegungen müssen immer wieder dominante und ausschließende – weiße – Positionen thematisiert werden. Privilegierte müssen ihre Vorannahmen selbst reflektieren und daran arbeiten, sie abzubauen. Hingegen ist – noch einmal, da zentral, mit Jin Haritaworn gesagt – die «zumeist an widerspenstige Minorisierte herangetragene Forderung, sich mit Majorisierten jeglicher politischer Positionierung zu verbünden» problematisch – sie «leugnet den Schmerz, das Risiko und die Gefahr, die damit verbunden ist, sich auf seine UnterdrückerInnen zu[zu]bewegen, nur um wieder zurückgestoßen, bevormundet oder dämonisiert zu werden» (Haritaworn 2005: 32).

Koalition ist damit stete Herausforderung: Gerade für minorisierte Menschen sind mit ihr oft Verletzungen verbunden. Und weiße linke Streitende sollten sich bewusst sein, dass sie an vielen Stellen gerade in ihren als selbstverständlich betrachteten Auffassungen kolonialistische, rassistische, antisemitische aber auch zweigeschlechtlich-sexistische Positionen verinnerlicht haben. Sie – also auch wir als Autor_innen dieses Bandes – müssen daran arbeiten, uns dieser Positionen bewusst zu werden und sie zu überwinden. Das geht zu allererst mit einem Interesse an den Sichtweisen minorisierter Menschen. In diesem Sinne haben wir die in diesem Buch dargelegten Positionen gerade dem Lektüregewinn der Arbeiten von Queers of Color und aus der Schwarzen Frauenbewegung zu verdanken. Es reicht aus unserer Sicht für Weiße nicht aus, einfach einem Aufsatz voranzustellen, dass man ‹leider aus einer privilegierten Position› spreche – vielmehr geht es um Zuhören, Lesen, konsequente Solidarisierung mit P.o.C., bei Achtung der Definitionshoheit der entsprechenden Selbstorganisationen. Wir möchten mit diesem Buch auch diesen Prozess noch deutlich anregen, weil uns aufgefallen ist, dass auch bei weißen Queers oft die Positionen und Schriften Minorisierter kaum bekannt sind – die im Literaturverzeichnis mit einem * versehenen Schriften sind explizite Lektüreempfehlungen. Wir selbst stellen hier das Ergebnis eines Diskussionsprozesses zur Debatte, in dem wir durch Empfehlungen, Anregungen und Kritiken von und Gesprächen mit Bekannten und guten Freund_innen einige Einsichten zum Funktionieren des Kapitalismus über die Segmentierung von Menschen gewonnen haben. Besonders danken möchten wir Christopher Sweetapple, Koray Yılmaz-Günay, Meryem Ertop, Ralf Buchterkirchen und Zülfukar Çetin; hilfreich waren auch die vielen guten Diskussionen, die Heinz-Jürgen Voß bei Seminaren und nach Vorträgen hatte. Gleichwohl gilt, dass allein wir Autor_innen für das vorliegende Buch verantwortlich sind und etwaige Kritik allein bei uns abzuladen ist.

Wir waren teilweise selbst von der Intensität der Gewalt und dem gewaltsamen Herausschreiben von wichtigen Protagonist_ innen queerer Kämpfe aus weißer queerer Geschichtsschreibung überrascht, obwohl wir vor dem Hintergrund rassistischer und transphober Vorkommnisse in der lesbischen, schwulen und queeren Subkultur auf einiges vorbereitet waren. Etwa das ‹Whitewashing› und klare identitäre Vergeschlechtlichen des *Gay Liberation Movements* und die konkreten psychisch und physisch gewalttätigen und letztlich sogar lebensbedrohlichen Auswirkungen für die Protagonist_innen – unter anderem Sylvia Rivera und Marsha P. Johnson – hatten wir *so krass* nicht erwartet. Hier ist es in der Verantwortung kritischen queeren Streitens die tatsächlichen Ereignisse queerer Geschichte stets wieder zu benennen – dann funktioniert das ‹Whitewashing› und identitäre geschlechtliche Zurichten nicht.

Einige aktuelle Entwicklungen stimmen uns optimistisch, dass die heutigen Kämpfe für eine gerechte Gesellschaft erfolgreich sein können. Zuversichtlich machen uns neben der zunehmend tiefen Analyse des Funktionierens (neoliberaler) kapitalistischer Verhältnisse, insbesondere die Aktionen, die sich vielerorts entfalten und die häufig eine kommunale Handlungsebene mit internationalem Austausch verbinden. Die Kämpfe von Trans* und Inters* vereinigen konkrete lokale Proteste mit einer internationalen Zusammenarbeit. Die grenzüberschreitende Kooperation hat es erst ermöglicht, dass die Regelung zur ‹Zwangssterilisierung› von Transsexuellen in Schweden gekippt wurde. In der Bundesrepublik wurde immerhin durch internationale Institutionen, die von Inters*-Selbstorganisationen eingeschaltet wurden, die Kritik an den gewaltvollen und traumatisierenden geschlechtszuweisenden Eingriffen an intergeschlechtlichen Minderjährigen auch im Land auf eine institutionelle Ebene gehoben. Lokal, international und nicht-institutionell erfolgt der Kampf gegen die Pathologisierung von Trans* und Inters*. Hier geht es auch ins Mark der ‹modernen› Gesellschaft: Medizin und Biologie, ihre Definitionsmacht mit so weitreichender Wirkung für die Einteilung der Menschen in Gruppen wird im Kern angegriffen. Nachhaltig wird dies dann sein können, wenn nicht nur geschlechtliche Zurichtungen im Blick sind, sondern aus einem Verständnis des Funktionierens des Kapitalismus auch die Einteilung der Menschen entlang rassistischer Zuschreibungen, Klasse und Körper angegriffen und die Sortierung und Selektion der Menschen nach Verwertbarkeit als Arbeitskraft im Kapitalismus kritisiert wird. Dass dieser Durchblick Proteste kennzeichnet, wird aus den übergreifenden Koalitionen bei den politischen Aktionen gegen Gentrifizierung und den weltweiten Kämpfen gegen die sozialen Krisenauswirkungen des Kapitalismus und die sich zuspitzende repressive staatliche Gewalt deutlich.

Während sich Menschen aus ökonomisch abgesicherten Verhältnissen, wenn die Auseinandersetzungen erfolglos sind, oft und weitgehend gefahrlos in bürgerliche Sicherheit zurückziehen können, gilt das nicht für viele Menschen der Arbeiterklasse, Trans* und Queers of Color. Sie haben keine solche Rückzugsmöglichkeit und die Kämpfe sind für sie oft aufgrund einer existentiell unerträglichen Situation Notwendigkeit. In den Kämpfen und erst recht bei erfolglosem Streiten werden sie zuerst Opfer repressiver staatlicher Maßnahmen. Nicht nur weil die ökonomisch Prekarisierten oft in der vordersten Reihe streiten, sondern insbesondere aufgrund dieser unsicheren Ausgangslage müssen sie die Richtung der Kämpfe maßgeblich entscheiden und bestimmen können. So entwickelt können – und wir folgen dabei Gayatri Chakravorty Spivak, Angela Davis und Kimberlé Crenshaw – politische Kämpfe für eine gerechte, diskriminierungsfreie und damit notwendig nicht-kapitalistische Gesellschaft erfolgreich sein.

4   Zitierte und empfohlene (*) weiterführende Literatur

AG Gender Killer (2005): Antisemitismus und Geschlecht: Von «effiminierten Juden», «maskulinisierten Jüdinnen» und anderen Geschlechterbildern. Münster: Unrast Verlag.

AG gegen Rassismus in den Lebenswissenschaften (Hg., 2009): Gemachte Differenz: Kontinuitäten biologischer ‹Rasse›-Konzepte. Münster: Unrast Verlag.

AG Jugend und Bildung e.V. (in Koop. mit: Bundesministerium für Arbeit und Soziales; hg. 2010): Sozialgeschichte – ein Arbeitsheft für die Schule. Bonn: Hausdruckerei BMAS.

AG Queer Studies (Hg., 2009): Verqueerte Verhältnisse. Intersektionale, ökonomiekritische und strategische Interventionen. Hamburg: Männerschwarm Verlag.

* Aktaş, Gülşen (1993): ‹Türkische Frauen sind wie Schatten›: Leben und Arbeiten im Frauenhaus. In: Hügel, Ika / Lange, Chris / Ayim, May / Bubeck, Ilona / Aktaş, Gülşen / Schultz, Dagmar (Hg.): Entfernte Verbindungen: Rassismus, Antisemitismus, Klassenunterdrückung. Berlin: Orlanda Frauenverlag, S. 49–60.

Allex, Anne (Hg., 2012): Stop Trans*-Pathologisierung: Berliner Beiträge für eine internationale Kampagne. Neu-Ulm: AG SPAK.

Althusser, Louis (1971 [frz. 1970]): Ideologie und ideologische Staatsapparate. Online: http://www.b-books.de/texteprojekte/althusser/index.html (Zugriff: 9. 6. 2013).

* Amin, Samir (2012 [engl. 2010]): Das globalisierte Wertgesetz. Hamburg: LAIKA Verlag.

Ani, Ekpenyong / Eding, Jasmin / Eggers, Maisha M. / Kinder, Katja / Piesche, Peggy (2007): Schwarze Lesben im geteilten Feminismus. In: Dennert, Gabriele / Leidinger, Christiane / Rauchut, Franziska (Hg.): In Bewegung bleiben – 100 Jahre Politik, Kultur und Geschichte von Lesben. Berlin: Querverlag, S. 297–299.

Apel, Karl-Otto (1974): Sprache. In: Handbuch philosophischer Grundbegriffe, Studienausgabe, Bd. 5. München: Kösel-Verlag, S. 1383–1402.

Arndt, Susan / Ofuatey-Alazard, Nadja (Hg., 2011): Wie Rassismus aus Wörtern spricht: (K)Erben des Kolonialismus im Wissensarchiv deutsche Sprache. Ein kritisches Nachschlagewerk. Münster: Unrast Verlag.

Aufruf (1985): Aufruf zum ersten gemeinsamen Frauenkongreß (in Frankfurt/Main, vom 23.–25. März 1984). In: Arbeitsgruppe Frauenkongreß (Hg.): Sind wir uns denn so fremd? Ausländische und deutsche Frauen im Gespräch. Berlin: sub rosa Frauenverlag, S. 14-19.

* Ayim, May (2012 [zuerst veröffentlicht 1997]): Das Jahr 1990: Heimat und Einheit aus afro-deutscher Perspektive. In: Piesche, Peggy

(Hg.): Euer Schweigen schützt euch nicht: Audre Lorde und die Schwarze Frauenbewegung in Deutschland. Berlin: Orlanda Frauenverlag, S. 53–68.

Baader, Maria (1993): Zum Abschied: Über den Versuch, als jüdische Feministin in der Berliner Frauenszene einen Platz zu finden. In: Hügel, Ika / Lange, Chris / Ayim, May / Bubeck, Ilona / Aktaş, Gülşen / Schultz, Dagmar (Hg.): Entfernte Verbindungen: Rassismus, Antisemitismus, Klassenunterdrückung. Berlin: Orlanda Frauenverlag, S. 82–94.

Baetz, Michaela / Dennert, Gabriele / Leidinger, Christiane (2007): Chronik der Antisemitismusdiskussionen – in der (Frauen- und) Lesbenbewegung der BRD der 90er Jahre. In: Dennert, Gabriele / Leidinger, Christiane / Rauchut, Franziska (Hg.): In Bewegung bleiben – 100 Jahre Politik, Kultur und Geschichte von Lesben. Berlin: Querverlag, S. 293–296.

Baijko, Matthew S. (2011): Political Notebook: Queer Youth Revive 1960s Magazine. In: Bay Area Reporter vom 2.2.2011. Online: http://vanguardrevisited.blogspot.de/search/label/Joey%20Plaster (Zugriff: 9.6.2013).

Balibar, Étienne (2013): Marx' Philosophie. Berlin: Verlag b_books.

* Balibar, Étienne / Wallerstein, Immanuel (1992 [frz. 1988]): Rasse – Klasse – Nation. Ambivalente Identitäten. 2. Auflage. Hamburg: Argument Verlag.

Bargan, Kamer / Schulz, Brigitte / Schwoon, Heike (1985): Seit Jahren werde ich nicht mehr froh: Zur gesundheitlichen Situation ausländischer Frauen. In: Arbeitsgruppe Frauenkongreß (Hg.): Sind wir uns denn so fremd? Ausländische und deutsche Frauen im Gespräch. Berlin: sub rosa Frauenverlag, S. 54–74.

* Bauer, Thomas (2011): Die Kultur der Ambiguität. Eine andere Geschichte des Islams. Berlin: Verlag der Weltreligionen im Insel Verlag.

Bebel, August (1950 [Erstausgabe 1879]): Die Frau und der Sozialismus (Die Frau in der Vergangenheit, Gegenwart und Zukunft). Stuttgart: Verlag von J. H. W. Dietz.

Beceren, Gülay (2008): Intersektionalität. Zur Verwobenheit und dem Zusammenwirken der Kategorien der Ungleichheit und Unterdrückung. Wien: Universität Wien [Diplomarbeit].

Becker, Julia (2011): Schädel aus der Kolonialzeit gehen an Namibia zurück. In: Der Spiegel, 27.9.2011. Online: http://www.spiegel.de/wissenschaft/mensch/berliner-charite-schaedel-aus-der-kolonialzeit-gehen-an-namibia-zurueck-a-788674.html (Zugriff: 9.6.2013).

Beemyn, Brett Genny (2007 [engl. 2006]): Nord- und Südamerika: Von der Kolonialzeit bis zum 20. Jahrhundert. In: Aldrich, Robert (Hg.) Gleich und anders: Eine globale Geschichte der Homosexualität. Hamburg: Murmann Verlag, S. 145–166.

* Bernhardt, Markus (2013): «Das Problem heißt Rassismus». Gespräch mit Koray Yılmaz-Günay. Über die Lebenssituation von Migranten in der BRD, staatlichen Rassismus und Versäumnisse linker Politik. In: Junge Welt vom 9./10. 3. 2013. Onlineunter http://yilmaz-gunay.de (Zugriff: 9.6.2013). [Mit freundlicher Erlaubnis von Koray Yılmaz-Günay zitieren wir auch aus einer in der Druckfassung des Interviews entfallenen Passage (=Ergänzung).]

Bernstein, Reiner (Hg., 1973): Quellen zur jüdischen Geschichte. Von den Anfängen bis ins Zeitalter der Emanzipation. Stuttgart: Ernst Klett Verlag.

Blech, Norbert (2009): Maneo-Umfrage gezielt manipuliert? In: Queer. de, 15. 8. 2009. Online: http://www.queer.de/detail.php?article_id=10906 (Zugriff: 9. 6. 2013).

Blech, Norbert (2013): «Pro Köln» beim CSD? Nun sind die Muslime schuld! In: Queer.de, 23. 5. 2013. Online: http://www.queer.de/detail.php?article_id=19274 (Zugriff: 9.6.2013).

Braudel, Fernand (1986a [frz. 1979]): Sozialgeschichte des 15.–18. Jahrhunderts. Bd. 2: Der Handel. München: Kindler Verlag.

Braudel, Fernand (1986b [frz. 1979]): Sozialgeschichte des 15.–18. Jahrhunderts. Bd. 3: Aufbruch zur Weltwirtschaft. München: Kindler Verlag.

Braun, Lily (1979 [Erstausgabe 1901]): Die Frauenfrage: ihre geschichtliche Entwicklung und wirtschaftliche Seite. Berlin etc.: Verlag J. H. W. Dietz Nachf. Online: http://www.gutenberg.org/ebooks/14075 (Zugriff: 9. 6. 2013).

Brentjes, Burchard (1963): Uraltes junges Afrika – 5000 Jahre afrikanischer Geschichte nach zeitgenössischen Quellen. Berlin: Union Verlag.

Bronski, Michael (2002): Sylvia Rivera: 1951–2002. No Longer on the Back of the Bumper. In: Z Magazine, Ausgabe April 2002. Online: http://www.zcommunications.org/sylvia-rivera-1951-2002-by-michael-bronski (Zugriff: 9.6.2013).

* Brühl, Olaf (2006): Sozialistisch und schwul: Eine subjektive Chronologie. In: Setz, Wolfram (Hg.): Homosexualität in der DDR – Materialien und Meinungen. Hamburg: Männerschwarm Verlag, S. 89–152.

Brühl, Olaf (2013): Chronologisches Archiv – Daten-Pool zum Diskurs männlicher Homosexualität in der DDR. Online: http://www.olaf-bruehl.de/chronik.htm (Zugriff: 9.6.2013).

Brunner, Claudia (2011): Geschlecht, Terrorismus, Wissenschaft: Reflexionen zum Verhältnis von politischer und epistemischer Gewalt am Beispiel des Wissensobjekts Selbstmordattentat. In: Engels, Bettina / Gayer, Corinna (Hg., 2011): Geschlechterverhältnisse, Frieden und Konflikt: Feministische Denkanstöße für die Friedens- und Konfliktforschung. Baden-Baden: Nomos Verlag, S. 47–63.

Bubeck, Ilona (1993): Eine neue bürgerliche Frauenbewegung? In: Hügel, Ika / Lange, Chris / Ayim, May / Bubeck, Ilona / Aktaş, Gülşen / Schultz, Dagmar (Hg.): Entfernte Verbindungen: Rassismus, Antisemitismus, Klassenunterdrückung. Berlin: Orlanda Frauenverlag, S. 33–42.

Bücher, Karl (1910): Die Frauenfrage im Mittelalter. Tübingen: Verlag der Lauff'schen Buchhandlung.

Buchterkirchen, Ralf (2007): Maneo: Opfertelefon auf Feindbildsuche. In: Rosige Zeiten, 112: S. 6–7. Online: www.rosige-zeiten.net/index.php?option=com_docman&task=doc_download&gid=1 (Zugriff: 9.6.2013).

Buchterkirchen, Ralf (2011): «...und wenn sie mich an die Wand stellen»: Desertion, Wehrkraftzersetzung und «Kriegsverrat» von Soldaten in und aus Hannover 1933–1945. Neustadt: Edition Region + Geschichte.

Bundesministerium für Familie, Senioren, Frauen und Jugend (2013): Gender Datenreport, 6.3: Geschlechtsspezifische Verteilung der Bundestagsmandate und der Mandate der DDR-Volkskammer im Rückblick. Online: http://www.bmfsfj.de/doku/Publikationen/genderreport/6-Politische-partizipation-und-buergerschaftliches-engagement/6-3-geschlechtsspezifische-verteilung-der-bundestagsmandate-und-der-mandate-der-ddr-volkskammer-im-rueck-blick.html (Zugriff: 9.6.2013).

Butler, Judith (2010): Abschrift der Rede zur Ablehnung des Zivilcourage-Preises des Berliner CSD. Online: http://www.l-talk.de/gesellschaften/judith-butler-csd-nicht-antirassistisch-genug.html (Zugriff: 9. 6. 2013).

* Castro Varela, María do Mar / Dhawan, Nikita (2005): Postkoloniale Theorie. Eine kritische Einführung. Bielefeld: Transcript Verlag.

* Çetin, Zülfukar (2012): Homophobie und Islamophobie. Intersektionale Diskriminierungen am Beispiel binationaler schwuler Paare in Berlin. Bielefeld: Transcript Verlag.

Council of Europe (Hg., 2011): Discrimination on grounds of sexual orientation and gender identity in Europe (2nd edition). Online: http://www.coe.int/t/Commissioner/Source/LGBT/LGBTStudy2011_en.pdf (Zugriff: 9.6.2013).

* Crenshaw, Kimberlé (1995 [Erstveröffentlichung 1988]): Race, Reform, and Retrenchment. In: Crenshaw, Kimberlé / Gotanda, Neil / Peller, Gary / Thomas, Kendall (Hg.): Critical Race Theory. The Key Writings That Formed the Movement. New York: The New Press, S. 103–122.

* Crenshaw, Kimberlé (1995 [Erstveröffentlichung 1991]): Mapping the Margins: Intersectionality, Identity Politics, and Violence Against Women of Color. New York: The New Press, S. 357–383.

* Davis, Angela (1982 [engl. 1981]): Rassismus und Sexismus – Schwarze Frauen und Klassenkampf in den USA. Westberlin: Verlag Elefanten Press.

Dennert, Gabriele / Leidinger, Christiane / Rauchut, Franziska (Hg., 2007): In Bewegung bleiben – 100 Jahre Politik, Kultur und Geschichte von Lesben. Berlin: Querverlag.

Dennert, Gabriele / Leidinger, Christiane / Rauchut, Franziska (2007b): Lesben in Wut: Lesbenbewegung in der BRD der 70er Jahre. In: Dennert, Gabriele / Leidinger, Christiane / Rauchut, Franziska (Hg.): In Bewegung bleiben – 100 Jahre Politik, Kultur und Geschichte von Lesben. Berlin: Querverlag, S. 31–61.

Derrida, Jacques (2004 [frz. Erstausgabe 1994]): Marx' Gespenster. Der Staat der Schuld, die Trauerarbeit und die neue Internationale. Frankfurt/Main: Suhrkamp Verlag.

Dietrich, Anette (2009 [Erstausgabe 2005]): Konstruktionen weißer weiblicher Körper im Kontext des deutschen Kolonialismus. In: Eggers, Maureen Maisha / Kilomba, Grada / Piesche, Peggy / Arndt, Susan (Hg.): Mythen Masken Subjekte: Kritische Weißseinsforschung in Deutschland. Münster: Unrast Verlag, S. 363–376.

Dorn, Bea (2010): «Unsere Siege sind nicht in Stein gemeißelt». Ein Gespräch mit der Kommunistin, Feministin und Ikone der «Schwarzen Revolution», Angela Davis. In: Konkret, Heft 9/2010.

* El Masrar, Sineb (2010): Muslim Girls: Wer wir sind, wie wir leben. Frankfurt/Main: Eichborn Verlag.
* El-Tayeb, Fatima (2012 [Erstausgabe 2003]): Begrenzte Horizonte. Queer Identity in der Festung Europa. In: Steyerl, Hito / Gutiérrez Rodríguez, Encarnación (Hg.): Spricht die Subalterne deutsch? Migration und postkoloniale Kritik. Münster: Unrast Verlag, S. 129–145.
Engel, Antke (2009): Bilder von Sexualität und Ökonomie. Queere kulturelle Politiken im Neoliberalismus. Bielefeld: Transcript Verlag.
Engels, Bettina / Gayer, Corinna (Hg., 2011): Geschlechterverhältnisse, Frieden und Konflikt: Feministische Denkanstöße für die Friedens- und Konfliktforschung. Baden-Baden: Nomos Verlag.
* Erel, Umut / Haritaworn, Jin / Gutiérrez Rodríguez, Encarnación / Klesse, Christian (2007): Intersektionalität oder Simultaneität?! Zur Verschränkung und Gleichzeitigkeit mehrfacher Machtverhältnisse. Eine Einführung. In: Hartmann, Jutta / Klesse, Christian / Wagenknecht, Peter / Fritzsche, Bettina / Hackmann, Kristina (Hg.): Heteronormativität – Empirische Studien zu Geschlecht, Sexualität und Macht. Wiesbaden: VS Verlag, S. 239–251.
* Erel, Umut (2012 [Erstausgabe 2003]): Migrantinnen zwischen Anerkennung und Abqualifikation. In: Steyerl, Hito / Gutiérrez Rodriguez, Encarnación (Hg.): Spricht die Subalterne deutsch? Migration und postkoloniale Kritik. Münster: Unrast Verlag, S. 108–128.
Erkol, Aslan / Winter, Nora (2013): 183 Todesopfer rechtsextremer und rassistischer Gewalt seit 1990. Online: https://www.mut-gegen-rechte-gewalt.de/news/chronik-der-gewalt/todesopfer-rechtsextremer-und-rassistischer-gewalt-seit-1990 (Zugriff: 9.6.2013).
Ertop, Meryem (2008): Geschlechtsspezifische Gewalt und strukturelle Ausgrenzung. Eine empirische Studie am Beispiel von Frauen aus der Türkei. Berlin: Alice-Salomon-Hochschule [Diplomarbeit].
Federici, Silvia (2012): Aufstand aus der Küche: Reproduktionsarbeit im globalen Kapitalismus und die unvollendete feministische Revolution. Münster: Edition Assemblage.
Feinberg, Leslie (1998): Leslie Feinberg Interviews Sylvia Rivera. Online: http://www.workers.org/ww/1998/sylvia0702.php (Zugriff: 9.6.2013).
* FeMigra (1994): Wir, die Seiltänzerinnen. Politische Strategien von Migrantinnen gegen Ethnisierung und Assimilation. In: Eichhorn, Cornelia / Grimm, Sabine (Hg.): Gender Killer. Texte zu Feminismus und Politik. Berlin u. Amsterdam: Edition ID-Archiv. Online: http://www.nadir.org/nadir/archiv/Feminismus/GenderKiller/gender_5.html (Zugriff: 9.6.2013).
Ferreira, Grada (2012 [Erstausgabe 2003]): Die Kolonisierung des Selbst – der Platz des Schwarzen. In: Steyerl, Hito / Gutiérrez Rodriguez, Encarnación (Hg.): Spricht die Subalterne deutsch? Migration und postkoloniale Kritik. Münster: Unrast Verlag, S. 146–165.
Fischer, Simone (2007): Lesbisch-feministischer Rassismus und Antirassismus in den 90er Jahren. In: Dennert, Gabriele / Leidinger, Christiane / Rauchut, Franziska (Hg.): In Bewegung bleiben – 100 Jahre Politik, Kultur und Geschichte von Lesben. Berlin: Querverlag, S. 310–316.

Foucault, Michel (1977 [frz. 1975]): Überwachen und Strafen – Die Geburt des Gefängnisses. Frankfurt/Main: Suhrkamp Verlag.

Foucault, Michel (1983 [frz. 1976]): Der Wille zum Wissen – Sexualität und Wahrheit 1. Frankfurt/Main: Suhrkamp Verlag.

Foucault, Michel (2003 [1974]): Die Geburt der Sozialmedizin. In: Foucault, Michel (2003): Schriften in vier Bänden – Dits et Ecrits. Band III, 1976-1979. Frankfurt/Main: Suhrkamp Verlag, S. 272–298.

Fülberth, Georg (2008): G Strich. Kleine Geschichte des Kapitalismus. 4., verb. u. erw. Aufl. Köln: PappyRossa Verlag.

* Gan, Jessi (2007): «Still at the Back of the Bus». Sylvia Rivera Struggle. In: Centro Journal, vol. XIX, núm. 1/City University of New York, S. 124–139. Online: http://www.redalyc.org/pdf/377/37719107.pdf (Zugriff: 9.6.2013).

Ganz, Kathrin / Gerbig, Do. (2010): Diverser leben, arbeiten und Widerstand leisten. Queerende Perspektiven auf ökonomische Praxen der Transformation. In: Arranca, Nr. 41. Online: http://arranca.org/ausgabe/41/diverser-leben-arbeiten-und-widerstand-leisten (Zugriff: 9.6.2013).

Gasteiger, Ludwig (2008): Michel Foucaults interpretative Analytik und das unbestimmte Ethos der Kritik. In: Freikamp, Ulrike / Leanza, Matthias / Mende, Janne / Müller, Stefan / Ullrich, Peter / Voß, Heinz-Jürgen (Hg.): Kritik mit Methode? Forschungsmethoden und Gesellschaftskritik. Berlin: Karl Dietz Verlag / Texte der Rosa-Luxemburg-Stiftung, Bd. 42, S. 33–51.

Gerund, Katharina (2008): Sisterly (Inter)Actions: Audre Lorde and the Development of Afro-German Women's Communities. In: Gender Forum – An Internet Journal for Gender Studies, 22, 2008, Online: http://www.genderforum.org/index.php?id=169 (Zugriff: 9.6.2013).

GLADT (2009) = «Mehrfachzugehörigkeit & Mehrfachdiskriminierung». Dokumentation der Veranstaltung im Rahmen der Reihe CrossKultur 2009. Online: http://www.gladt.de/archiv/mehrfachdiskriminierung/Mehrfachdiskriminierung.pdf.

Gleissner-Bonetti, Lucia (2012): Missionarsstellung ist nicht sexy. Von den Verbindungen zwischen Rassismus, Exotisierungen und Sexismus. In: Berliner Entwicklungspolitischer Ratschlag (Hg.): Wer andern einen Brunnen gräbt… Rassismuskritik / Empowerment / Globaler Kontext. S. 34–35.

Gould, Stephen Jay (1983 [engl. 1981]): Der falsch vermessene Mensch. Aus dem Amerikanischen übersetzt von G. Seib. Basel etc.: Birkhäuser Verlag.

Goytisolo, Juan (1982 [Erstveröffentlichung 1969 in deutscher Übersetzung]): Spanien und die Spanier. Frankfurt/Main: Suhrkamp Verlag.

Goytisolo, Juan (1989): Flaubert im Orient. In: Sievernich, Gereon / Budde, Hendrik (Hg.): Europa und der Orient 800–1900 [Ausstellungskatalog]. Westberlin: Berliner Festspiele, S. 125–130.

Gramsci = Antonio Gramscis «Gefängnishefte», verfasst 1929–1935, zitiert nach der deutschsprachigen kritischen Gesamtausgabe des Hamburger Argument Verlags, erschienen zwischen 1991 und 2002 (ital. 1975), mit Nummer des jeweiligen Bandes.

Grau, Günther (1988): Über die gesellschaftliche Integration homo-
sexueller Männer und Frauen – Versuch über das Weiterdenken. In:
Mitteilungen der Magnus-Hirschfeld-Gesellschaft, Nr. 12 (1988): S.
35-43.
* Gültekin, Neval (1985): Eine schweigende Minderheit meldet sich zu
Wort. In: Arbeitsgruppe Frauenkongreß (Hg.): Sind wir uns denn
so fremd? Ausländische und deutsche Frauen im Gespräch. Berlin:
sub rosa Frauenverlag. S. 5–13.
Günther, Erwin / Bach, Kurt / Aresin, Lykke (Hg., 1986): Psychosoziale
Aspekte der Homosexualität. Oberlungwitz: VEB Kongreß- und
Werbedruck.
Günther, Erwin / Bach, Kurt (Hg., 1989): Psychosoziale Aspekte der
Homosexualität. (Wissenschaftliche Beiträge der Friedrich-Schiller-
Universität Jena.) Oberlungwitz: VEB Kongreß- und Werbedruck.
* Gutiérrez Rodríguez, Encarnación (2001): Auf der Suche nach dem
Identischen in einer «hybriden» Welt. Über Subjektivität, postko-
loniale Kritik, Grenzregime und Metaphern des Seins. In: Hess,
Sabine / Lenz, Ramona (Hg.): Geschlecht und Globalisierung. Ein
kulturwissenschaftlicher Streifzug durch transnationale Räume.
Königstein/Taunus: Ulrike Helmer Verlag, S. 36–55.
Gutiérrez Rodríguez, Encarnación (2010): AFFEKTIVER Wert – Koloria-
lität, Feminisierung und Migration. Online-Publikation des Europäischen Instituts für progressive Kulturpolitik: http://eipcp.net/trans-
versal/0112/gutierrez-rodriguez/de (Zugriff: 9.6.2013).
* Ha, Kien Nghi (2012 [Erstausgabe 2003]): Die kolonialen Muster
deutscher Arbeitsmigrationspolitik. In: Steyerl, Hito / Gutiérrez Ro-
dríguez, Encarnación (Hg.): Spricht die Subalterne deutsch? Migration und postkoloniale Kritik. Münster: Unrast Verlag, S. 56–107.
Ha, Kien Nghi (2009 [Erstausgabe 2005]): Mach(t)raum(a) Berlin –
Deutschland als Kolonialgesellschaft. In: Eggers, Maureen Maisha
/ Kilomba, Grada / Piesche, Peggy / Arndt, Susan (Hg.): Mythen
Masken Subjekte: Kritische Weißseinsforschung in Deutschland.
Münster: Unrast Verlag, S. 105–117.
Ha, Kien Nghi (2009): «Bastarde» als Problem der deutschen Eugenik
und «Rassenhygiene» im 20. Jahrhundert. In: AG gegen Rassismus
in den Lebenswissenschaften (Hg.): Gemachte Differenz: Kontinu-
itäten biologischer «Rasse»-Konzepte. Münster: Unrast Verlag, S.
202–238.
Hamann, Katharina (2010): «In diesem Kampf gibt es keinen Platz für
Rassismus». Judith Butler im Gespräch über Rassismus, Homopho-
bie und Antisemitismus. In: Jungle World vom 29. 7. 2010. On-
line: http://jungle-world.com/artikel/2010/30/41420.html (Zugriff:
10.6.2013).
Haritaworn, Jin / [Yılmaz-]Günay, Koray (2003): Einladung zur Berliner
Tagung «Queer und Ethnizität». Online: http://list.ecompass.nl/
listserv/cgi-bin/wa?A2=ind0302&L=FEMINISME&F=&S=&P=40703
(Zugriff: 9.6.2013).
* Haritaworn, Jin (2005): Am Anfang war Audre Lorde. Weißsein und
Machtvermeidung in der queeren Ursprungsgeschichte. In: Femina
politica, 14 (1), S. 23–36.
Haritaworn, Jin (2009 [Erstausgabe 2005]): «Der Menschheit treu»:
Rassenverrat und Multi-Themenpolitik im derzeitigen Multikultu-

ralismus. In: Eggers, Maureen Maisha / Kilomba, Grada / Piesche, Peggy / Arndt, Susan (Hg.) Mythen, Masken und Subjekte – Kritische Weißseinsforschung in Deutschland. Münster: Unrast Verlag, S. 158–171.

Haritaworn, Jin (2009): Kiss-ins und Dragqueens: Sexuelle Spektakel von Kiez und Nation. In: AG Queer studies (Hg.): Verqueerte Verhältnisse: Intersektionale, ökonomiekritische und strategische Interventionen. Hamburg: Männerschwarm Verlag, S. 41–65.

* Haritaworn, Jin / Tauqir, Tamsila / Erdem, Esra (2011 [zuerst veröffentlicht 2006]): Queer-Imperialismus: Eine Intervention in die Debatte über ‹muslimische Homophobie›. In: Yılmaz-Günay, Koray (Hg.): Karriere eines konstruierten Gegensatzes: zehn Jahre ‹Muslime versus Schwule›. Berlin: Selbstverlag, S. 51–68.

Haritaworn, Jin (2012): Viel zu viel und längst nicht genug: Queer-of-Colour-Politiken und nachhaltige Communities. In: Freitext, Heft 20, S. 46–52.

Haug, Frigga (2002): Zur Theorie der Geschlechterverhältnisse. Das Argument, 27.3.2002. Online: http://www.linksnet.de/de/artikel/18052 (Zugriff: 9.6.2013).

* Heinrich, Michael (2004): Kritik der politischen Ökonomie. Eine Einführung. Stuttgart: Schmetterling Verlag.

Hieblinger, Inge (1967): Frauen in unserem Staat. Einige Probleme der Förderung der Frau unter den Bedingungen der wissenschaftlich-technischen Revolution in der DDR. Berlin: Staatsverlag der Deutschen Demokratischen Republik.

Hoffrogge, Ralf (2011): Sozialismus und Arbeiterbewegung in Deutschland: Von den Anfängen bis 1914. Stuttgart: Schmetterling Verlag.

Hohmann, Joachim S. (Hg., 1991): Sexuologie in der DDR. Berlin: Dietz Verlag.

Holy, Michael (2012): Jenseits von Stonewall – Rückblicke auf die Schwulenbewegung in der BRD 1969–1980. In: Pretzel, Andreas / Weiß, Volker (Hg.): Rosa Radikale. Die Schwulenbewegung der 1970er Jahre, Hamburg: Männerschwarm Verlag, S. 39–79.

Honegger, Claudia (1991): Die Ordnung der Geschlechter. Die Wissenschaften vom Menschen und das Weib 1750–1850. Frankfurt/Main etc.: Campus Verlag.

Hunt, Krista (2006): «Embedded Feminism» and the War on Terror. In: Hunt, Krista / Rygiel, Kim (Hg.): (En)gendering the War on Terror: War Stories And Camouflaged Politics (Gender in a Global / Local World). Hampshire etc.: Ashgate. S. 51–72.

Initiative Queer Nations (2013 [2006]): Über Queer Nations (Selbstdarstellung). Online: http://www.queer-nations.de/de/queer_nations/ (Zugriff: 9.6. 013).

İpekçioğlu, İpek (2007): Die erste Gruppe Lesben aus der Türkei in Berlin 1992-1995. In: Dennert, Gabriele / Leidinger, Christiane / Rauchut, Franziska (Hg.): In Bewegung bleiben – 100 Jahre Politik, Kultur und Geschichte von Lesben. Berlin: Querverlag, S. 300–301.

* Jacobi, Jessica / Magiriba Lwanga, Gotlinde (1990): Was ‹sie› schon immer über Antisemitismus wissen wollte, aber nie zu denken wagte. In: Sozialwissenschaftliche Forschung und Praxis für Frauen e.V. (Hg.): Geteilter Feminismus: Rassismus – Antisemitismus

– Fremdenhaß (beiträge zur feministischen theorie und praxis, 27). Köln: Eigenverlag, S. 95–105.

* Jagose, Annamarie (2001 [engl. 1996]): Queer Theory. Eine Einführung. Berlin: Querverlag.

* Joseph, Gloria I. (1993): Das disharmonische Dreiecksverhältnis: Marxismus, Feminismus und Rassismus. In: Joseph, Gloria I. (Hg.): Schwarzer Feminismus: Theorie und Politik afro-amerikanischer Frauen. Berlin: Orlanda Frauenverlag.

Kang, Chong-Sook (1990): Institutioneller Rassismus und ausländische Frauen. In: Sozialwissenschaftliche Forschung und Praxis für Frauen e.V. (Hg.): Geteilter Feminismus: Rassismus – Antisemitismus – Fremdenhaß (beiträge zur feministischen theorie und praxis, 27). Köln: Eigenverlag, S. 120–126.

Kenawi, Samirah (1995): Frauengruppen in der DDR der 80er Jahre. Berlin: Grauzone (Dokumentationsstelle zur nichtstaatlichen Frauenbewegung in der DDR).

Kenawi, Samirah (2008): Die Ersten werden die Letzten sein. Thesen zur Lesbenbewegung in der DDR. In: Heinrich-Böll-Stiftung Sachsen-Anhalt, LSVD Sachsen-Anhalt (Hg.): Lesben und Schwule in der DDR: Tagungsdokumentation. Halle: Eigendruck, S. 57–66.

* Kilomba, Grada (2009): Schwarze in der Universität. In: AG gegen Rassismus in den Lebenswissenschaften (Hg.): Gemachte Differenz: Kontinuitäten biologischer ‹Rasse›-Konzepte. Münster: Unrast Verlag, S. 130–137.

Klauda, Georg (2007): Sotadic Love – ein Orientalist sortiert die Welt. Online: http://fqueer.blogsport.de/?p=62 (Zugriff: 9.6.2013).

* Klauda, Georg (2008): Die Vertreibung aus dem Serail: Europa und die Heteronormalisierung der islamischen Welt. Hamburg: Männerschwarm Verlag.

Klee, Ernst (2011 [Erstausgabe 2003]): Das Personenlexikon zum Dritten Reich: Wer war was vor und nach 1945. Koblenz: Edition Kramer.

Klinger, Cornelia (2003): Ungleichheit in den Verhältnissen von Klasse, Rasse und Geschlecht. In: Knapp, Gudrun-Axeli / Wetterer, Angelika (Hg.): Achsen der Differenz. Gesellschaftstheorie und feministische Kritik II. Münster: Verlag Westfälisches Dampfboot, S. 14–49.

Klinger, Cornelia / Knapp, Gudrun-Axeli (2005): Achsen der Ungleichheit – Achsen der Differenz: Verhältnisbestimmungen zwischen Klasse, Geschlecht, «Rasse» / Ethnizität. In: Transit - Europäische Revue, Nr. 29. Online: http://www.iwm.at/index.php?option=com_content &task=view&id=333&Itemid=340 [Zugriff: 17.1.2012].

Klöppel, Ulrike (2010): XX0XY ungelöst: Hermaphroditismus, Sex und Gender in der deutschen Medizin. Eine historische Studie zur Intersexualität. Bielefeld: Transcript Verlag.

* Knoll, Regina (2011): Ausschlüsse in der Migrationsgeschichte Deutschlands: Vertragsarbeiter/innen in der DDR. In: Freitext, 18: S. 36–39.

* Kofler, Leo (2008 [zuerst veröffentlicht 1985]): Eros, Ästhetik, Politik – Thesen zum Menschenbild bei Marx. In: Friauf, Heike (Hg.) Eros und Politik: Wider die Entfremdung des Menschen. Bonn: Pahl-Rugenstein Verlag.

Konsensuspapier (2010): Leitlinien zur weiblichen Genitalchirurgie (Konsensuspapier versch. Österreichischer medizinischer Fachgesellschaften). Online: http://www.frauengesundheit-wien.at/downloads/dokumente/dieSie-Konsensuspapier-Web.pdf (Zugriff: 9.6.2013).

Kuczynski, Jürgen (1963): Studien zur Geschichte der Lage der Arbeiterin in Deutschland von 1700 bis zur Gegenwart (Die Geschichte der Lage der Arbeiter unter dem Kapitalismus, Bd. 18). Berlin: Akademie Verlag.

Küpper, Mechthild (2011): Rückgabe einiger Schädel – eine Geste des Bedauerns. In: Frankfurter Allgemeine Zeitung, 1.10.2011. Online: http://www.faz.net/-gum-6tcs6 (Zugriff: 9.6.2013).

Leidinger, Christiane (2011): Gründungsmythen zur Geschichtsbemächtigung? – Die erste autonome Schwulengruppe der BRD war eine Frau. In: Invertito, 13: S. 9–39.

Lemke, Jürgen (1989): Ganz normal anders – Auskünfte schwuler Männer. Berlin: Aufbau Verlag.

Lemke, Thomas (2007): Biopolitik zur Einführung. Hamburg: Junius Verlag.

* Levin, Tobe (1990): U.S. Feminismus: Schwarz auf Weiß. In: Sozialwissenschaftliche Forschung und Praxis für Frauen e.V. (Hg.): Geteilter Feminismus: Rassismus – Antisemitismus – Fremdenhaß (beiträge zur feministischen theorie und praxis, 27). Köln: Eigenverlag, S. 59–66.

Libera, Alain de (2003 [frz. 1991]): Denken im Mittelalter. München: Wilhelm Fink Verlag.

Luxemburg, Rosa (1975 [Erstveröffentlichung 1913]): Die Akkumulation des Kapitals. Ein Beitrag zur ökonomischen Erklärung des Imperialismus. (= Gesammelte Werke, Bd. 5). Berlin/DDR: Dietz-Verlag.

Mädchenblog (2010): Und nochmal: Queerfeminismus und Ökonomiekritik. Internetveröffentlichung vom 1.3.2010. http://maedchenblog.blogsport.de/2010/03/01/und-nochmal-queerfeminismus-und-oekonomiekritik (Zugriff: 9.6.2013).

Mahdjoubi, Ali (2003): Homosexualität in islamischen Ländern am Beispiel Iran. In: Bochow, Michael / Marbach, Rainer (Hg.): Homosexualität und Islam – Koran, islamische Länder, Situation in Deutschland. Hamburg: Männerschwarm Verlag.

* Mamozai, Martha (1989 [Erstausgabe 1982]): Schwarze Frau, weiße Herrin: Frauenleben in den deutschen Kolonien. Reinbek bei Hamburg: Rowohlt Taschenbuch.

Matzner, Andrew (2004): Sylvia Rivera. Online: http://www.glbtq.com/social-sciences/rivera_s.html (Zugriff: 9.6.2013).

MEW = Marx-Engels-Werkausgabe des Dietz-Verlages, Berlin/DDR, erschienen zwischen 1956 und 1990, mit Nummer des jeweiligen Bandes.

Meyerbeer, Karl / Späth, Karl (Hg., 2012): Topf & Söhne – Besetzung auf einem Täterort. Heidelberg: Verlag Graswurzelrevolution.

Monroe, Irene (2012): Dis-membering Stonewall. Online: http://www.huffingtonpost.com/irene-monroe/dismembering-stonewall_b_1625272.html (Zugriff: 9.6.2013).

Münch, Eva Marie von (1976): Hausfrauen-Ehe abgeschafft. In: Die Zeit, 15. 10. 1976. Online: http://www.zeit.de/1976/43/hausfrauen-ehe-abgeschafft/komplettansicht (Zugriff: 9.6.2013).

Mysorekar, Sheila (1990): Vagabundinnen mit Transitvisum. In: Sozialwissenschaftliche Forschung und Praxis für Frauen e.V. (Hg.): Geteilter Feminismus: Rassismus – Antisemitismus – Fremdenhaß (beiträge zur feministischen theorie und praxis, 27). Köln: Eigenverlag. S. 21–24.

Newton, Huey P. (2002): The Women's Liberation and Gay Liberation Movements: August 15, 1970. In: Hilliard, David, u. Weise, Donald (Hg.): The Huey P. Newton Reader. Boston: Seven Stories Press, S. 157–159.

Ngai, Pun (Hg., 2010): Aufbruch der zweiten Generation: Wanderarbeit, Gender und Klassenzusammensetzung in China. Berlin. Assoziation A.

Ngai, Pun (2013): iSlaves: Ausbeutung und Widerstand in Chinas Foxconn-Fabriken. Wien: Mandelbaum Verlag.

Notz, Gisela (2011): Feminismus. Köln: PapyRossa Verlag.

* Oguntoye, Katharina / Opitz [Ayim], May / Schultz, Dagmar (1997 [Erstausgabe 1986]): Farbe bekennen: Afro-deutsche Frauen auf den Spuren ihrer Geschichte. Frankfurt/Main: Fischer Taschenbuch.

* Opitz [Ayim], May (1997 [Erstausgabe 1986]): Rassismus, Sexismus und vorkoloniales Afrikabild in Deutschland. In: Oguntoye, Katharina / Opitz [Ayim], May / Schultz, Dagmar (Hg.): Farbe bekennen: Afro-deutsche Frauen auf den Spuren ihrer Geschichte. Frankfurt/Main: Fischer Taschenbuch. S. 17–64.

* Petzen, Jennifer (2011 [zuerst veröffentlicht 2005]): Wer liegt oben? Türkische und deutsche Maskulinitäten in der schwulen Szene. In: Yılmaz-Günay, Koray (Hg.): Karriere eines konstruierten Gegensatzes: zehn Jahre «Muslime versus Schwule». Berlin: Selbstverlag, S. 25-45.

Piesche, Peggy (2006): Schwarz und deutsch? Eine ostdeutsche Jugend vor 1989 - Retrospektive auf ein ‹nichtexistentes› Thema in der DDR. In: Heinrich Böll Stiftung (Hg.): Dossier Schwarze Community in Deutschland. Online: http://www.migration-boell.de/web/diversity/48_596.asp (Zugriff: 9.6.2013).

* Piesche, Peggy (2012): Gegen das Schweigen: Diasporische Vernetzungen Schwarzer Frauen in transnationalen Begegnungen. In: Piesche, Peggy (Hg.): Euer Schweigen schützt euch nicht: Audre Lorde und die Schwarze Frauenbewegung in Deutschland. Berlin: Orlanda Frauenverlag, S. 7–16.

Pirenne, Henri (1961 [frz. 1936]): Geschichte Europas. Von der Völkerwanderung bis zur Reformation. Frankfurt/Main: Büchergilde Gutenberg.

Postone, Moishe (1998): Dekonstruktion als Gesellschaftskritik. Derrida über Marx und die neue Weltordnung. Krisis, Heft 21/22. Online: http://www.krisis.org/1998/dekonstruktion-als-gesellschaftskritik (Zugriff: 9.6.2013).

Poutrus, Patrice G. / Behrends, Jan C. / Kuck, Dennis (2002). Historische Ursachen der Fremdenfeindlichkeit in den neuen Bundesländern. Aus Politik und Zeitgeschichte (der Bundeszentrale für politische Bildung), Mai 2002. Online: http://www.bpb.de/apuz/25428/

historische-ursachen-der-fremdenfeindlichkeit-in-den-neuen-bundeslaendern?p=all (Zugriff: 9.6.2013).

* Puar, Jasbir K. (2008 [Erstausgabe 2007]): Terrorist Assemblages: Homonationalism in Queer Times. Durham: Duke University Press.

Raab, Heike (2011): Sexuelle Politiken – Die Diskurse zum Lebenspartnerschaftsgesetz. Frankfurt/Main: Campus Verlag.

Ratsch, Traude [Arbeitsgruppe Recht] (1985): Wir fordern ein eigenständiges Aufenthaltsrecht für ausländische Frauen. In: Arbeitsgruppe Frauenkongreß (Hg.): Sind wir uns denn so fremd? Ausländische und deutsche Frauen im Gespräch. Berlin: sub rosa Frauenverlag, S. 41–48.

Rebeggiani, F. (2012): Industriestaaten: Bericht zur Integration. Veröffentlichung der Bundeszentrale für politische Bildung (Creative-Commons-Lizenz: by-nc-nd/3.0/de/ Autor: Fatma Rebeggiani für bpb.de). Im Internet unter: http://www.bpb.de/gesellschaft/migration/dossier-migration/151513/industriestaaten-bericht-zur-integration [Zugriff: 10.6.2013].

Rolker, Christof (2013): Der Hermaphrodit und seine Frau: Körper, Sexualität und Geschlecht im Spätmittelalter. Vortrag und Vortragsmanuskript Zürich, herzlichen Dank für die freundliche Bereitstellung!

Ruder, Dirk (2011 [2007]): Opferlotto. In: Yılmaz-Günay, Koray (Hg.): Karriere eines konstruierten Gegensatzes: zehn Jahre «Muslime versus Schwule». Berlin: Selbstverlag, S. 75-78.

* Said, Edward W. (2003 [Erstausgabe 1978]): Orientalism: Western Conceptions of the Orient. London: Penguin Classics.

Sauter, Inka / Engel, Sonja (2010): Vergeschlechtlichung des Kapitalismus. Warum Gender Trouble und Das Kapital zwar zusammen kommen, aber noch nicht zusammen gehen. In: Phase 2, Heft 38. Online: http://phase-zwei.org/hefte/artikel/vergeschlechtlichung-des-kapitalismus-75 (Zugriff: 9.6.2013).

* Schleifstein, Josef (1972): Einführung in das Studium von Marx, Engels und Lenin. München: Verlag C. H. Beck.

Schmersahl, Katrin (1998): Medizin und Geschlecht. Zur Konstruktion der Kategorie Geschlecht im medizinischen Diskurs des 19. Jahrhunderts (Sozialwissenschaftliche Studien, Heft 36). Opladen: Verlag Leske & Budrich.

Schmidt, Heike Ingeborg (2008): Colonial intimacy: the Rechenberg Scandal and homosexuality in German East Africa. In: Journal of the history of sexuality, 17 (1): 25–59.

Schnabl, Siegfried (1979 [Erstausgabe 1969]): Mann und Frau intim: Fragen des gesunden und gestörten Geschlechtslebens. Berlin: VEB Verlag Volk und Gesundheit.

Schuster, Dora (1927): Die Stellung der Frau in der Zunftverfassung. Berlin: Herbig Verlagsbuchhandlung.

Seibert, Thomas (2000): Existenzialismus. Hamburg: EVA/Rotbuch Verlag.

Senatsverwaltung Berlin, für Schule, Jugend und Sport (Hg., 1999): Sie liebt sie. Er liebt ihn. Eine Studie zur psychosozialen Situation junger Lesben, Schwuler und Bisexueller in Berlin. Zusammenfassung online: http://www.berlin.de/imperia/md/content/lb_ads/gglw/the-

men/sie_liebt_sie_fuer_homepage.pdf?start&ts=1268665298&file
=sie_liebt_sie_fuer_homepage.pdf (Zugriff: 9.6.2013).

Seppmann, Werner (2010): Kritisches Denken zwischen Marx und
Foucault, Teil 1: Dialektik der Anpassung. In: Junge Welt vom
26./27.6.2010.

Siegessäule (2008): Etikettenschwindel mit queer? [Kurzinterview mit
Andreas Günther]. In: Siegessäule, Ausgabe Juli 2008.

Siegessäule online (2010): Alles neu im Connection – auch die Tür-
politik? In: Siegessäule online, 2./12.7.2010. Online: http://www.
siegessaeule.de/artikel-archiv/specials-archiv/alles-neu-im-connec-
tion-auch-die-tuerpolitik.html (Zugriff: 9.6.2013).

Sigusch, Volker (2005): Neosexualitäten. Frankfurt/Main: Campus
Verlag.

* Sow, Noah (2009 [Erstausgabe 2008]): Deutschland Schwarz Weiß:
Der alltägliche Rassismus. München: Goldmann Taschenbuch.

Spiegel (1969): Frauen – DDR. Natürliches Maß. In: Spiegel 34 (1969):
S. 40-41.

* Spivak, Gayatri Chakravorty (1988): Can the Subaltern Speak? In:
Nelson, Cary / Grossberg, Lawrence: Marxism and the Interpretation of Culture. University of Illinois Press, S. 271–314.

Spivak, Gayatri Chakravorty: Can the Subaltern Speak? Postkolonialität und subaltern Artikulation. Wien etc.: Verlag Turia + Kant.

Starke, Kurt (2008): Leben von Lesben und Schwulen in der DDR.
Selbstreflexion und Einstellung von Hetero- zu Homosexuellen und
Homosexualität. In: Heinrich-Böll-Stiftung Sachsen-Anhalt, LSVD
Sachsen-Anhalt (Hg.): Lesben und Schwule in der DDR: Tagungsdo-
kumentation. Halle: Eigendruck, S. 9–34.

* Stedefeldt, Eike (1998): Schwule Macht. Oder: Die Emanzipation von
der Emanzipation. Berlin: Verlag Elefanten Press.

Stern, Katja / Boeck, Brigitte (1972): Das schöne Geschlecht und die
Gleichberechtigung in der DDR (Aus erster Hand). Berlin etc.: Gra-
fischer Großbetrieb Völkerfreundschaft.

Steyerl, Hito (2011 [Erstausgabe 2008]): Die Gegenwart der Subalternen. (Einleitung) In: Spivak, Gayatri Chakravorty: Can the Subaltern Speak? Postkolonialität und subaltern Artikulation. Wien etc.:
Verlag Turia + Kant, S. 7–16.

Stonewall 25 = Bericht der Stonewall Veterans' Association über den
26.6. 994. Online: http://www.stonewallvets.org/SW-25/Vetz-re-
union.htm (Zugriff: 9. 6. 2013).

Stryker, Susan (2004): San Francisco: The Beginnings of Political Ac-
tivism. Online: http://www.glbtq.com/social-sciences/san_francis-
co,2.html (Zugriff: 9.6.2013).

Tesfa, Wassy (1985): Der alltägliche Rassismus gegen Frauen. In: Ar-
beitsgruppe Frauenkongreß (Hg.): Sind wir uns denn so fremd?
Ausländische und deutsche Frauen im Gespräch. Berlin: sub rosa
Frauenverlag, S. 33–40.

Thinius, Bert (2006 [zuerst veröffentlicht 1994]): Erfahrungen schwu-
ler Männer in der DDR und in Deutschland Ost. In: Setz, Wolfram
(Hg.): Homosexualität in der DDR – Materialien und Meinungen.
Hamburg: Männerschwarm Verlag, S. 9–88.

Thrasher, Steven W. (2013): Haaay to the Chief: The Military-Industrial
Complex Conquers the Homos. Online: http://gawker.com/haaay-

to-the-chief-the-military-industrial-complex-con-486133694 (Zu-griff: 9.6.2013).

Tjaden-Steinhauer, Margarete / Tjaden, Karl Hermann (2001): Gesell-schaft von Rom bis Ffm: Ungleichheitsverhältnisse in Westeuropa und die iberischen Eigenwege. Kassel: Jenior Verlag.

Trappe, Heike (1995): Emanzipation oder Zwang? Frauen in der DDR zwischen Beruf, Familie und Sozialpolitik. Berlin: Akademie Verlag.

Uhlmann, Irene (1968 [Erstausgabe 1961]): Die Frau. Kleine Enzyklo-pädie. Leipzig: VEB Bibliographisches Institut.

Vardi, Yoram / Har-Shai, Yaron / Gil, Tamir / Gruenwald Ilan (2008): A critical analysis of penile enhancement procedures for patients with normal penile size: surgical techniques, success, and complications. In: European Urology, 54 (5): S. 1042–50.

Viehmann, Klaus u. a. (1991 [Erstveröffentlichung 1990]): Drei zu eins. Klassenwiderspruch, Rassismus und Sexismus. In: Metropolen(gedanken) und Revolution? Texte zu Patriarchat, Ras-sismus und Internationalismus. Berlin u. Amsterdam: Edition ID-Ar-chiv. Online: http://www.nadir.org/nadir/initiativ/id-verlag/BuchTex-te/DreiZuEins/DreiZuEinsViehmann.html (Zugriff: 9.6.2013).

Voß, Heinz-Jürgen (2010): Making Sex Revisited: Dekonstruktion des Geschlechts aus biologisch-medizinischer Perspektive. Bielefeld: Transcript Verlag.

* Voß, Heinz-Jürgen (2011): Geschlecht – Wider die Natürlichkeit. Stuttgart: Schmetterling Verlag.

Voß, Heinz-Jürgen (2011b): Geschlecht und kapitalistische Produk-tionsweise, Queer und Antikapitalismus – Skizzen für neue Per-spektiven. Dasendedessex, Oktober 2011. Online: http://dasen-dedessex.blogsport.de/images/VossProjektskizze_2.pdf (Zugriff: 9.6.2013).

Voß, Heinz-Jürgen (2012): Intersexualität – Intersex: Eine Intervention. Münster: Unrast Verlag.

* Voß, Heinz-Jürgen (2013): Biologie & Homosexualität. Theorie und Anwendung im gesellschaftlichen Kontext. Münster: Unrast Verlag.

* Wagenknecht, Nancy Peter (2005): Formverhältnisse des Sexuellen. Phase 2, Heft 18. Online auf: http://phase2.nadir.org/ (Zugriff: 9. 6. 2013).

* Walgenbach, Katharina (2005): «Die weiße Frau als Trägerin deut-scher Kultur» – Koloniale Diskurse über Geschlecht, ‹Rasse› und Klasse im Kaiserreich. Frankfurt/Main: Campus Verlag.

Walgenbach, Katharina (2007): Gender als interdependente Kategorie. In: Walgenbach, Katharina / Dietze, Gabriele / Hornscheidt, Antje / Palm, Kerstin (Hg.): Gender als interdependente Kategorie: Neue Perspektiven auf Intersektionalität, Diversität und Heterogenität. Opladen: Budrich Verlag, S. 21–64.

Walgenbach, Katharina (2009 [Erstausgabe 2005]): «Weißsein» und «Deutschsein» – historische Interdependenzen. In: Eggers, Mau-reen Maisha / Kilomba, Grada / Piesche, Peggy / Arndt, Susan (Hg.): Mythen Masken Subjekte: Kritische Weißseinsforschung in Deutschland. Münster: Unrast Verlag, S. 377–393.

Walgenbach, Katharina (2012): Intersektionalität. Eine Einführung. Online: http://www.portal-intersektionalitaet.de/theoriebildung/schluesseltexte/walgenbach-einfuehrung [Zugriff: 10.6.2013].

Wallace, Lee (2007 [engl. 2006]): Zur Entdeckung der Homosexualität: Interkulturelle Vergleiche und die Geschichte der Sexualität. In: Aldrich, Robert (Hg.) Gleich und anders: Eine globale Geschichte der Homosexualität. Hamburg: Murmann Verlag, S. 249–270.

Wallerstein, Immanuel (1979): The Capitalist World-Economy. Essays. Cambridge: Cambridge University Press.

* Wallerstein, Immanuel (1984 [engl. 1983]): Der historische Kapitalismus. Hamburg: Argument Verlag.

Wallerstein, Immanuel (1992 [engl. 1988]): Haushaltsstrukturen und die Formierung der Arbeitskraft in der kapitalistischen Weltwirtschaft. In: Balibar, Étienne / Wallerstein, Immanuel: Rasse Klasse Nation – Ambivalente Identitäten. Berlin: Argument Verlag.

Walther, Daniel Joseph (2008): Racializing sex: same-sex relations, German colonial authority, and «Deutschtum». In: Journal of the history of sexuality, 17 (1): S. 11–24.

Weiss, Alexandra (2010): Die Arbeit der «Anderen». In: Gruber, Sabine / Haug, Frigga / Krull, Stephan (Hg.): Arbeiten wie noch nie!? Unterwegs zur kollektiven Handlungsfähigkeit. Hamburg: Argument Verlag.

* Wekker, Gloria (2012): Überlieferinnen: Porträt der Gruppe Sister Outsider. In: Piesche, Peggy (Hg.): Euer Schweigen schützt euch nicht: Audre Lorde und die Schwarze Frauenbewegung in Deutschland. Berlin: Orlanda Frauenverlag. S. 140–153.

* White, Edmund (1996 [engl. 1979]): Sadomasochismus. In: Die brennende Bibliothek. Essays. München: Kindler Verlag, S. 101–105.

Wilchins, Riki (2002): A Woman for Her Time. In Memory of Stonewall Warrior Sylvia Rivera. In: The Village Voice vom 26.2.2002. Online: http://www.villagevoice.com/2002-02-26/news/a-woman-for-her-time (Zugriff: 9. 6. 2013).

Wolter, Salih [Alexander] / Yılmaz-Günay, Koray (2009): «Muslimische» Jugendliche und Homophobie – braucht es eine zielgruppenspezifische Pädagogik? In: Bundschuh, Stephan / Jagusch, Birgit / Mai, Hanna (Hg.): Facebook, Fun und Ramadan. Lebenswelten muslimischer Jugendlicher. Düsseldorf: Informations- und Dokumentationszentrum für Antirassismusarbeit e. V., S. 34–38.

Wolter, Salih Alexander (2010): Die Komplizenschaft verweigern. In: Red & queer, 17: S. 1-2. Online: www.dkp-queer.de/download/raq_17_2010.pdf (Zugriff: 9.6.2013).

Wolter, Salih Alexander (2011 [zuerst veröffentlicht 2010]): «Sein ganzer Traum von Männlichkeit» Cem Yıldız sagt, wo es langgeht. In: Yılmaz-Günay, Koray (Hg.): Karriere eines konstruierten Gegensatzes: zehn Jahre «Muslime versus Schwule». Berlin: Selbstverlag, S. 47–50.

* Wolter, Salih Alexander (2011): Ist Krieg oder was? Queer Nation Building in Berlin-Schöneberg. In: Yılmaz-Günay, Koray (Hg.): Karriere eines konstruierten Gegensatzes: zehn Jahre «Muslime versus Schwule». Berlin: Selbstverlag, S. 15–24.

Woltersdorff, Volker alias Lore Logorrhöe (2003): Queer Theory und Queer Politics. In: UTOPIE kreativ. Heft 156, S. 914–923. Online: http://www.rosalux.de/fileadmin/rls_uploads/pdfs/Utopie_kreativ/156/156_woltersdorff.pdf (Zugriff: 9.6.2013).

Woltersdorff, Volker alias Lore Logorrhöe (2008): Dies alles und noch viel mehr! – Paradoxien prekärer Sexualitäten. In: Das Argument 273: 179–194.

Yılmaz-Günay, Koray (2011a): Zusammenfassung des Inputs «Homophobie – gesellschaftliche Realität und mediale/institutionelle Debatten» beim dritten Runden Tisch zur Akzeptanz sexueller Vielfalt am 28. März 2011 beim Migrationsrat Berlin-Brandenburg e. V. (MRBB) Typoskript, Archiv des MRBB. *(Herzlichen Dank für die freundliche Bereitstellung.)*

* Yılmaz-Günay, Koray (Hg., 2011b): Karriere eines konstruierten Gegensatzes: zehn Jahre «Muslime versus Schwule». Sexualpolitiken seit dem 11. September 2001. Berlin: Eigenverlag.

Yılmaz-Günay, Koray (2012): Sexuelle Selbstbestimmung als Topos im antimuslimischen Rassismus. In: Bathke, Peter / Hoffstadt, Anke (Hg.): Die neuen Rechten in Europa. Zwischen Neoliberalismus und Rassismus. Köln: PappyRossa Verlag, S. 255–268.

Yılmaz-Günay, Koray (2014 [2011b]) = Vorwort des Herausgebers zur Neuausgabe von Yılmaz-Günay ([2014] 2011b) [Münster: Edition Assemblage], die erst nach Redaktionsschluss des vorliegenden Buches erscheint. Wir zitieren mit freundlicher Genehmigung des Autors aus dem Manuskript.

* Yılmaz-Günay, Koray / Wolter, Salih Alexander (2013): Pink Washing Germany? Der deutsche Homonationalismus und die «jüdische Karte». In: Gürsel, Duygu / Çetin, Zülfukar / Allmende e. V. (Hg.): Wer MACHT Demo_kratie? Kritische Beiträge zu Migration und Machtverhältnissen. Münster: Edition Assemblage, S. 60–75.

Heinz-Jürgen Voß
Geschlecht
Wider die Natürlichkeit
4. Auflage, 978-3-89657-695-x, theorie.org,
kart., 180 S., 12,00 EUR, Schmetterling Verlag

Jahrhunderte lang wandten sich engagierte Frauen – und einige Männer – gegen die Annahme, dass Unwissenheit von Frauen und ihr Ausschluss aus Machtpositionen auf «natürliche» – vorgegebene und unabänderliche – geschlechtliche Unterschiede zurückzuführen sei. Sie kennzeichneten geschlechtliche Unterschiede als Produkt gesellschaftlicher Ungleichbehandlungen. Noch Simone de Beauvoir betonte: «Kein biologisches […] Schicksal bestimmt die Gestalt, die das weibliche Menschenwesen im Schoß der Gesellschaft annimmt.»

Hinter diese Forderungen wichen Feminismen der letzten Jahrzehnte zurück. Mit der Aufspaltung in biologisches Geschlecht (engl. «sex») und gesellschaftliches Geschlecht (engl. «gender») setzten sie biologische Geschlechterdifferenzen als gegeben voraus. Aus der unterschiedlichen Biologie von «Frau» und «Mann» dürften aber keine gesellschaftlichen Ungleichbehandlungen abgeleitet werden. Das Ziel der Gleichstellung wurde so nicht erreicht.

Ein Strategiewechsel ist nötig! Die Vorlage hierfür lieferte Judith Butler. Sie bezweifelte wieder «Natürlichkeit» und stellte klar, dass auch Körperlichkeit erst durch eine «Brille» gelesen wird, die durch individuelle Erfahrungen und Lernen in Gesellschaft bestimmt ist. Organe werden erst durch die Interpretation als «geschlechtlich» und durch ihre unentwegte Betonung und Wiederholung in dieser Rolle hergestellt und bestätigt. Hier lohnt es sich weiterzuarbeiten. Mit Butlers Ansatz erscheinen «Penis», «Hodensack», «Hoden» etc. noch als gesellschaftlich formulierte Bezeichnungen für tatsächlich vorhandene Organe. Als ob, wenn man «natürliche Vorgegebenheiten» liest, sich die Notwendigkeit der Bezeichnung dieser Organe und ihre weitgehend binäre Einordnung zwingend ergibt. Hier widerspricht Heinz-Jürgen Voß. Er bereitet aktuelle Ergebnisse der Biologie anschaulich auf und zeigt wie selbst sie in Richtung vieler Geschlechter weisen. Indem er an Gedanken der Entwicklung anknüpft, rückt er den Menschen selbst in den Mittelpunkt, wo bisher die Kategorie und Institution «Geschlecht» fetischisiert wurden. Von hier aus ergeben sich gesellschaftskritische Forderungen im Anschluss an Karl Marx.